Schröde

Zu diesem Buch

Die tiefenpsychologische Auslegung der Bibel ist eine noch ungewohnte, aber vielversprechende Möglichkeit, das Stadium des nur rationalen und kritischen Umgangs mit der Bibel zu überschreiten und überlieferte Zeugnisse gelebten Glaubens in unser Leben hereinzuholen.

Maria Kassel führt mit diesem Buch ihr Anliegen fort, das sie mit »Biblische Urbilder« begonnen hat. Verschiedene Auslegungsbeispiele anhand der tiefenpsychologischen Kategorien von Carl Gustav Jung zeigen den Reichtum und die Erfahrungsdichte, die in den Erzählungen und Bildern der Bibel wohnen. Die Autorin greift dabei Schattengeschichten, Selbstwerdung, geschlechtliche Problematik und Symbole der Transzendenz auf.

In dieses Buch sind viele Anregungen und Einsichten eingegangen, die die Autorin aus Gesprächen und aus der Bibelarbeit mit Gruppen gewonnen hat. Es ist ein gelungenes Beispiel, die Bibel wieder neu zum Sprechen zu bringen.

Maria Kassel

Sei, der du werden sollst

Tiefenpsychologische Impulse aus der Bibel

Verlag J. Pfeiffer · München

Mitglied der »verlagsgruppe engagement«

CIP-Kurztitelaufnahme der Deutschen Bibliothek

Kassel, Maria:
Sei, der du werden sollst: tiefenpsycholog. Impulse aus d. Bibel / Maria Kassel.
– München: Pfeiffer, 1982.
  (Pfeiffer-Werkbücher; Nr. 157)
  ISBN 3-7904-0370-9
NE: GT

Nr. 157
PFEIFFER WERKBÜCHER
herausgegeben von Johannes Thiele

Inhalt

Vorwort

In dieses Buch sind viele Anregungen und Einsichten eingegangen, die ich aus Gesprächen und aus der Arbeit mit Gruppen gewonnen habe. Aus gemeinsamen Versuchen, das Stadium rationalistisch kritischen Umgangs mit der Bibel zu überschreiten und den in sie eingegangenen gelebten Glauben des Anfangs in unser Leben hineinzuholen, sind ganz neue Selbst- und Glaubenserfahrungen hervorgegangen. Es waren oft schwierige Versuche, denn angewöhnte Abwehr, Ungewohntes mit der Bibel zu denken und zu fühlen, mußte überwunden werden. Für mich hat sich dabei die Lebendigkeit der alten christlichen Traditionen erwiesen, haben doch Versuche mit ein und demselben Text in ganz verschiedenen Gruppen immer wieder neue Aspekte hervorgebracht, die ich vorher noch nicht hatte sehen können. Angespornt, in der eingeschlagenen Richtung weiterzuarbeiten, nämlich die anthropologischen Grundsituationen in der Bibel aufzuspüren, haben mich am meisten spontane Äußerungen von Hörern und Teilnehmern an gemeinsamer Arbeit, die mir sagten, der christliche Glaube sei für sie eine tote Sache, aber jetzt hätten sie etwas Neues entdeckt.

Allen, die mir, auch mit Kritik, beim Weiterdenken geholfen haben, sei dieses Buch mit Dank gewidmet und mit dem Wunsch, es möge ihnen Anregung sein für ihr eigenes Erfahren unbekannter biblischer Wirklichkeitsräume.

Münster, März 1982   Maria Kassel

Einleitung

Um den Stellenwert des Buches richtig zu verstehen, sind einige Vorbemerkungen angebracht. Das Buch ist eine Weiterführung des von mir 1980 im gleichen Verlag erschienenen Buches »Biblische Urbilder. Tiefenpsychologische Auslegung nach C. G. Jung«. Die jetzt versammelten Interpretationen biblischer Texte bauen auf der theoretischen Grundlegung von »Biblische Urbilder« auf. Denkansatz des Verfahrens, Methode und notwendige Grundbegriffe sind dort ausführlich dargestellt und werden in diesem Buch nicht mehr eigens erläutert. Trotz des sachlichen Zusammenhangs ist das Buch aber unabhängig von »Biblische Urbilder« konzipiert und kann ohne dessen Kenntnis gelesen werden, zumal der dort entwickelte Begriffsapparat zwar in Teilen verwendet, aber nicht zum tragenden Gerüst gemacht worden ist.

Da tiefenpsychologisches Verstehen der Bibel eine noch verhältnismäßig junge Sache und für manchen Interessierten nicht leicht zugänglich ist, sollen hier verschiedenartige Auslegungsbeispiele vorgelegt werden, so daß eine konkrete Anschauung von den Möglichkeiten und dem Ertrag tiefenpsychologischer Auslegungsverfahren entsteht. Die praktische Anwendbarkeit der Methode hat sich seit »Biblische Urbilder« bei der Weiterarbeit in diesem Bereich als viel weiträumiger und vielfältiger erwiesen, als ich anfangs gedacht hatte. Aspekte davon sollen in dem vorliegenden Buch vermittelt werden. Aus der praktischen Weiterarbeit haben sich auch neue theoretische Einsichten ergeben; sie sind an zwei Stellen, im zweiten und vierten Kapitel, eingefügt.

Gegliedert sind die Interpretationen nach den von C. G. Jung entwickelten, grundlegenden archetypischen Kategorien: Schatten, Anima und Animus, Selbst. Die thematische

Zuordnung der Textbeispiele zu einer der Kategorien könnte dabei in einzelnen Fällen durchaus auch anders erfolgen, weil die tiefenpsychologische Auslegung inhaltlich an verschiedenen Gesichtspunkten eines Textes ansetzen kann. Die vorgenommene Zuordnung drückt die jeweils vorherrschende tiefenpsychologische Thematik aus.

Erstes und zweites Kapitel beschäftigen sich mit der Schattenproblematik und der jeweils gegengeschlechtlichen Funktion in der Psyche von Mann und Frau. Beide Kategorien bilden im Selbstwerdungsprozeß (Individuation) die wichtigsten Kristallisationsstellen, an denen sich Krisen zum Rückschritt oder Fortschritt hin entscheiden. Das dritte und vierte Kapitel gehören thematisch enger als die anderen zusammen. In beiden steht die Zielkategorie der Individuation, das Selbst, im Vordergrund. Der Unterschied liegt darin, daß im dritten Kapitel die Selbstwerdung aus der psychischen Ich-Position heraus betrachtet wird und damit die Frage der Identitätsfindung des Menschen den leitenden Gedanken abgibt. Im vierten Kapitel ist dieselbe Thematik aus der Position des transzendenten Selbst heraus ins Auge gefaßt. Denkerisch ist dieser Punkt angesiedelt an der Nahtstelle von psychologischer und metapsychologischer Betrachtungsweise. Hier ergibt sich daher auch die engste Berührung zu traditionell religiösen und theologischen Denkmustern.

Die bei der Interpretation von Bibeltexten seit langem geläufigen historisch-kritischen Fragestellungen werden in der Regel nicht ausdrücklich behandelt, indirekt aber öfters berücksichtigt. Als Anknüpfungspunkte dafür bieten sich meistens Ungereimtheiten in den Aussagen historisch-kritischer Exegese zur entsprechenden Stelle an, die durch eine neue Sehweise auf den Bibeltext sich oft überraschend leicht auflösen. Beide Auslegungsverfahren, das historisch-kritische und das tiefenpsychologische, ergänzen sich zwar gegenseitig, sind aber grundsätzlich eigenständige Methoden und können unabhängig voneinander praktiziert werden.

Die einzelnen Texte werden alle von *einem* Angelpunkt aus interpretiert, gemäß der im Text vorrangigen archetypischen Thematik. Jeder Text ist aber ein Netzwerk von Motiven, die bei *einem* Auslegungsvorgang gar nicht alle in den Blick gefaßt werden können. Die im Buch praktizierten Verfahren entsprechen aber in gewisser Weise der Art, wie solche Texte spontan auf Menschen wirken: psychisch hakt gewissermaßen immer *das* Motiv beim Leser ein, das einen Bezug zu der gerade vorliegenden innerpsychischen Befindlichkeit hat, sei er bestätigend, sei er konfrontierend. Das übrige Motivgeflecht wird zwar auch, in Teilen oder ganz, wahrgenommen; aber es bleibt von geringerem Einfluß auf den psychischen Prozeß im Leser, vor allem auf den Erfahrungsbereich. Eine tiefenpsychologische Interpretation bzw. spontane Erschließung eines Bibeltextes erfüllt gerade darin ihren Sinn, daß sie die aktuelle, individuelle oder kollektive, Erfahrungsbasis mit der biblischen in Kontakt, ja sogar zur Konvergenz bringt. Diesem Zweck entsprechend, kann methodisch sehr variabel, auch Motive besonders akzentuierend, vorgegangen werden. Die Schwerpunktsetzung muß sich jedoch von der Struktur eines Textganzen her rechtfertigen lassen.

Die vorgelegten Interpretationen bleiben, vom geschriebenen Medium erzwungen, im theoretischen Bereich. Ihren Zweck erfüllen sie als Beispiele für ein mögliches tiefenpsychologisches Verständnis von Bibeltexten. Ihr Sinn wäre verfehlt, würden sie als die einzig möglichen Ergebnisse eines tiefenpsychologischen Umgangs mit der Bibel verstanden. Soll die Methode ihrem eigenen Anspruch genügen, nämlich biblische Erfahrung in heutige umzusetzen, so muß jeder Leser den ihm gemäßen tiefenpsychischen Zugang zu finden suchen. Für diese jeweils eigene Arbeit sind die Interpretationsbeispiele als Hilfe gedacht. Grundsätzlich kann eine gedanklich erarbeitete Textauslegung weder die individuelle noch die Gruppenerfahrung mit der Bibel ersetzen. Anhaltspunkte für spontane Zugänge versuche ich den Lesern an einigen Beispielen aus meiner eigenen Arbeit in und mit Gruppen zu zeigen. Diese können noch weniger nachgemacht werden als die verbalen Interpretationen. Sie sind reines Anschauungsmaterial dafür, wie unterschiedliche Zugänge methodisch eingeleitet werden können. Aus eigener Kenntnis weiß ich, daß der Erfahrungsprozeß mit gleichem Text und gleicher Methode in jeder Gruppe anders verläuft. Deshalb möchte das Buch auch ermuntern zum Abweichen von seinen Vorlagen.

1. Schattengeschichten

Erzählungen vom Kampf des Menschen mit seinem abgewehrten, aber mitleben wollenden Schatten kommen in der Bibel häufig vor. Das Problem spielt überall dort eine Rolle, wo aufeinander bezogene Personen oder Gruppen gegensätzlich charakterisiert sind. In der Erzählstruktur sind das die Positionen von Spieler und Gegenspieler. Durch die Interaktionen zwischen beiden Polen wird ein erzählbares Geschehen überhaupt erst möglich. Tiefenpsychologisch spiegelt sich darin die Auseinandersetzung des menschlichen Ich mit Inhalten seines Unbewußten, sowohl auf individueller als auch auf kollektiver Ebene. Der Selbstwerdungsprozeß läßt sich beschreiben als der Kampf zwischen den beiden Prinzipien, bei dem Fortschritte erzielt werden durch errungene Teileinigungen der beiden psychischen Seiten auf einer jeweils höheren Ebene der Bewußtheit. Der Kampf mit dem Schatten bildet somit die bleibende Basis für die psychische Entwicklung des Menschen. In der Bibel ist die Schattenauseinandersetzung meistens auch die Initialzündung für neue Gotteserfahrung, wie z. B. bei der kleinen Hebräergruppe unter Mose, die durch den Kampf mit ihrem großen ägyptischen Schatten zugleich zu einer religiösen Erfahrung aufbricht, in deren Verlauf sich ein neues Gottesbild herauskristallisiert, das Jahwes, des in der Geschichte handelnden Gottes. Ein »schattenloses« Dasein, das heißt eins, bei dem der Mensch so lebt, als habe er keinen Schatten, schneidet in biblischem Verständnis den Menschen von seiner transzendenten Dimension ab. Insofern hat die Schattenproblematik aus sich heraus religiöse Aspekte.

In diesem Kapitel lege ich das Schwergewicht auf neutestamentliche Schattengeschichten, weil die Bibelauslegung eher zurückhaltend ist, im Neuen Testament Schattenprobleme wahrzunehmen.

1.1 Gleichnis vom verlorenen Sohn – Lukas 15

Lukas 15,1–2. 11–32

Alle Zöllner und Sünder kamen zu ihm, um ihn zu hören. 2 Die Pharisäer und Schriftgelehrten empörten sich darüber und sagten: Er läßt sich mit Sündern ein und ißt sogar mit ihnen. . . .

11 Weiter sagte er: Ein Mann hatte zwei Söhne. 12 Der jüngere sagte zu seinem Vater: Vater, gib mir das Erbteil, das mir zusteht. 13 Da teilte der Vater das Vermögen auf. Nach wenigen Tagen packte der jüngere Sohn alles zusammen und zog in ein fernes Land. Dort lebte er in Saus und Braus und verschleuderte sein Vermögen. 14 Als er alles durchgebracht hatte, kam eine große Hungersnot über das Land, und es ging ihm sehr schlecht. 15 Da ging er zu einem Bürger des Landes und drängte sich ihm auf; der schickte ihn aufs Feld zum Schweinehüten. 16 Er hätte gern seinen Hunger mit den Futterschoten gestillt, die die Schweine fraßen, aber niemand gab ihm davon. 17 Da begann er nachzudenken und sagte: Wie viele Tagelöhner meines Vaters haben mehr als genug zu essen, und ich komme hier vor Hunger um. 18 Ich will zu meinem Vater gehen und zu ihm sagen: Vater, ich habe gegen Gott im Himmel und gegen dich gesündigt. 19 Ich bin nicht mehr wert, dein Sohn zu sein; mach mich zu einem deiner Tagelöhner. 20 Dann brach er auf und ging zu seinem Vater. Der sah ihn schon von weitem kommen, und er hatte Mitleid mit ihm. Er lief dem Sohn entgegen, fiel ihm um den Hals und küßte ihn. 21 Da sagte der Sohn: Vater, ich habe gegen Gott im Himmel und gegen dich gesündigt; ich bin nicht mehr wert, dein Sohn zu sein. 22 Der Vater aber sagte zu seinen Knechten: Holt schnell das beste Gewand und zieht es ihm an, steckt ihm einen Ring an die Hand und zieht ihm die Schuhe an. 23 Bringt das Mastkalb her und schlachtet es, wir wollen ein Festmahl feiern. 24 Mein Sohn war tot und lebt wieder; er war verloren und ist wieder gefunden. Und sie begannen, ein Freudenfest zu feiern.

25 Sein älterer Sohn war unterdessen auf dem Feld. Als er heimging und in die Nähe des Hauses kam, hörte er Musik und Tanz. 26 Da rief er einen der Knechte und fragte, was das zu bedeuten habe. 27 Der Knecht antwortete: Dein Bruder ist gekommen, und dein Vater hat das Mastkalb schlachten lassen, weil er ihn heil und gesund wieder hat. 28 Da wurde er zornig und wollte nicht hineingehen. Sein Vater aber kam heraus und redete ihm gut zu. 29 Doch er erwiderte dem Vater: So viele Jahre schon diene ich dir, und nie habe ich gegen deine Befehle gehandelt, mir aber hast du nie auch nur einen Ziegenbock geschenkt, damit ich mit meinen

Freunden ein Festmahl feiern konnte. 30 Kaum aber ist dein Sohn gekommen, der dein Geld mit Dirnen durchgebracht hat, da hast du für ihn das Mastkalb geschlachtet. 31 Der Vater antwortete ihm: Mein Kind, du bist immer bei mir, und alles, was ich habe, gehört auch dir. 32 Heute aber müssen wir ein Fest feiern und uns freuen; denn dein Bruder war tot und lebt wieder; er war verloren und wurde wiedergefunden.

Dieses Gleichnis steht im Zentrum der Verkündigung Jesu von Gott. Wir sind daher gewohnt, es von der Gestalt des Vaters her zu interpretieren; das ist bei einer theologischen Exegese sicher korrekt. Konsequenterweise ist das Verhältnis der zwei Söhne zueinander insoweit aufschlußreich, als es von der Beziehung her, die der Vater zu jedem Sohn hat, gesehen wird, bzw. umgekehrt: das Brudersein wird definiert von der jeweiligen Einstellung zum Vater. Im Rahmen des Kontextes – das ist die lukanische Redaktion – dient die im Gleichnis entwickelte familiäre Dreierbeziehung als Bild für das Verhalten Gottes zu den Menschen, wie Jesus es sieht und offensichtlich in seinem eigenen Verhalten spiegelt. Zeitgeschichtlich konkretisiert, ist es das Verhalten Gottes zu zwei polarisierten typischen Menschengruppen im damaligen Judentum, den Pharisäern/Rabbinen und den Zöllnern/Sündern (vgl. VV 1–2). Bei diesen exegetischen Voraussetzungen steht das Urteil über die Söhne von vornherein fest, nämlich: durch das ungewöhnliche Verhalten Gottes werden die Wertmaßstäbe für die ungleichen Brüder auf den Kopf gestellt; der mißratene Sohn/Sünder wird mit Liebe und Ansehen überhäuft, der treu gehorsame Sohn/Pharisäer wird für seinen gerechten Zorn auf den Bruder getadelt. Die Umwertung der menschlichen Beziehungen gilt nur unter der Voraussetzung, daß im Vater des Gleichnisses Gott gesehen wird. Eine theologische Exegese zielt insofern, ebenfalls von vornherein, eine höhere, spezifisch religiöse Ebene des Verstehens an. Als Ziel des Gleichnisses kommt bei diesem Vorgehen heraus, daß die auf der religiösen Ebene gewonnene Einsicht zurückwirken soll auf die gewissermaßen untere Ebene mitmenschlichen Wertens und Verhaltens;

das heißt, die Pharisäer und Rabbinen sollen lernen, daß die von ihnen verachteten Zöllner und Sünder von Gott ebenso geliebt werden wie sie selbst, daß sie sich um Gottes willen darüber freuen und an Jesu Verhalten für ihr eigenes ablesen sollen, welche Auswirkung das auf den Umgang mit dieser Menschengruppe hat.

Löst man das Gleichnis aus der lukanischen Redaktion – ein Zustand, in dem es anfänglich möglicherweise war –, so tritt die mitmenschliche Beziehungsebene viel stärker in den Vordergrund. Ein ausgesprochener Bezug auf Gott kommt dann gar nicht vor, anders als z. B. bei den vorangehenden Gleichnissen vom verlorenen Schaf (Lk 15, 3–7 = Mt 18, 12–14) und der verlorenen Drachme (Lk 15, 8–10); anders auch als bei manchen Gleichnissen vom Reich Gottes, bei denen der »springende Punkt« im Gleichnis selbst genannt wird, z. B. in dem von der selbstwachsenden Saat (Mk 4, 26–29), vom Senfkorn (Mk 4, 30–32 parr) u. a. Wenngleich anzunehmen ist, daß Jesus das Gleichnis vom verlorenen Sohn, auch ohne es ausdrücklich zu sagen, auf Gott bezogen wissen wollte, hat es einen guten Sinn, sich einmal nur mit dem Rohmaterial des Gleichnisses zu beschäftigen, also ohne den Bezug auf Gott sofort mit zu berücksichtigen. Setzen wir nämlich gleich bei der zweiten, der theologischen Ebene an, dann kommt der Aspekt nicht recht in den Blick, daß es sich bei der Beziehung Söhne – Vater zuerst einmal um eine Urkonstellation *menschlicher* Beziehungen handelt, um einen Prototyp ähnlich dem der Mutter-Kind-Beziehung.

Dieser Tatbestand ist mir selbst erst, nachdem ich lange ausschließlich theologisch mit dem Gleichnis umgegangen war, bewußt geworden. Das geschah durch Versuche in Gruppen, mit der emotionalen Unterschicht, mit der unteren Ebene des Gleichnisses, in Berührung zu kommen, und den theologischen Überbau erst von dieser existentiellen Basis aus zu ersteigen, das heißt, ihn in einem *ersten* Zugangsversuch außer acht zu lassen. Solches Vorgehen scheint mir deswegen legitim und sogar notwendig zu sein, weil die Einfühlung in die Interaktionen auf der zwischenmenschlichen Ebene die Voraussetzung dafür schafft, dem schwerlich einfühlbaren Verhalten Gottes erfahrungsmäßig nahezukommen. Es dürfte kaum bedeutungslos sein, daß Jesus das Neuartige seiner Gotteserfahrung in Bildern von einer dramatischen menschlichen Interaktion vermittelt. Der Abstand zwischen Gottes Verhalten und dem von Menschen läßt sich am ehesten ermessen, wenn die im Gleichnis ausgedrückten Gefühle, ja Leidenschaften nicht nur erkannt, sondern nachvollzogen werden. Das von Jesus neu gesehene Bild von Gott ist, wie ich meine, sowohl für das damalige Judentum als auch für uns heute noch so ungewöhnlich, daß eine bloße Zur-Kenntnisnahme seiner theologischen Aussage eine neue Gotteserfahrung kaum in Gang setzen wird. Und auf diese kommt es Jesus, wenn er das Gleichnis erzählt, wohl letztlich an. Auch Lukas hat das mit seiner Einleitung (VV 1–2) noch festgehalten. Ich glaube deshalb, daß die im strengen Sinn theologische Aussage besser zu erfassen ist von der unteren Bedeutungsebene aus, den im Bild gebotenen menschlichen Interaktionen. Ich möchte bei diesem Textbeispiel daher keine systematische tiefenpsychologische Interpretation vorlegen, sondern von zwei Versuchen in Gruppen berichten, mit dem Gleichnis ins Gespräch zu kommen.

Die eine Gruppe bestand ausschließlich aus Theologiestudenten/-innen im ersten Semester, verhältnismäßig jungen Erwachsenen also. In der anderen Gruppe waren ältere Erwachsene, die in theologischer Erwachsenenbildung tätig sind. In beiden Gruppen verfuhren wir nach der gleichen Methode. Diese besteht in einem Interaktionsverfahren, das sich in zwei Varianten durchführen läßt, als Agieren mit Bewegung im Raum und als Sprechinteraktion, in der Runde sitzend. Bei beiden Gruppen wurde die zweite Form gewählt; die erste ermöglicht im Vergleich zu dieser eine noch intensivere Kommunikation sowohl mit dem Text als auch der Teilnehmer untereinander, bezieht sie doch die Körpersprache über die Mimik beim Sprechen hinaus als Gestik und Motorik stärker in den Prozeß mit ein. Obwohl das Verfahren nicht mit einem Rollenspiel, bei dem die Auffassung der Rollen, unter Umständen auch der Text festgelegt sind, zu verwechseln ist, verwende ich der Einfachheit halber bei der Beschreibung die Begriffe Spiel und Rolle. Alle im Text vorkommenden Figuren werden nach Wahl der Beteiligten mehrfach besetzt; und alle mit ein und derselben Rolle können diese ohne Absprache mit den andern nach ihren eigenen Einfällen gestalten. Der Text wird zwar vorgelesen als gemeinsame Ausgangsbasis, aber niemand braucht sich an die Vorlage zu halten. Jeder Spieler soll sich vielmehr anregen lassen von dem eigenen inneren Bezug zu der biblischen Gestalt – das kann auch ein ablehnender Bezug sein – und von der Art, wie die anderen Figuren des Textes von den Mitspielern aufgefaßt werden. Bei genügender Teilnehmerzahl kann es auch eine Beobachtergruppe geben, die den Spielern nach der Interaktion eine Rückmeldung darüber gibt, wie die Personen des Textes aufgefaßt worden sind, wie sie sich im Verlauf der Interaktion verändert haben und welche Veränderungen zwischen Text und Rolle festzustellen waren. Die Mitspieler können darüber nur schwer Auskunft geben, weil sie wegen des gefühlsmäßigen Engagements zu wenig Distanz zum Geschehen haben. Ein unerläßlicher Bestandteil eines solchen Verfahrens ist die Nachreflexion. Sie kann sofort gemeinsam geschehen oder zuerst als Besinnung der einzelnen, eventuell anhand von Leitfragen, auf die dann der Austausch in der Gruppe folgt. In der Besprechung sollen alle Beteiligten sagen können, was sie über das Erfahrene sagen möchten, aber niemand sollte dazu gedrängt werden. Die Reflexion bewirkt, daß der weitgehend unbewußt ablaufende Interaktionsprozeß bewußtgemacht wird und die einzelnen die Möglichkeit erhalten, eines Teils ihrer psychischen Innenwelt, der in ihre Auffassung von der Rolle eingeflossen ist, das heißt in die Rolle projiziert worden ist, ansichtig zu werden. Sie können damit eine erweiterte Selbsterfahrung gewinnen und aus einem größeren psychischen Potential schöpfen, als ihnen bis dahin zugänglich war. Erfolgt die Bewußtmachungsphase nicht, so kann das Erlebte rasch wieder ins Unbewußte zurücksinken und erbringt keinen Individuations-Fortschritt. Bei diesem wie auch ähnlichen Verfahren kommt es nicht nur auf das gefühlsmäßige Erleben an, sondern ebenso auf das Verstehen und Verarbeiten des Erlebten. Fehlt die Phase des Denkens, dann besteht die Gefahr, daß nur diffuse Gefühle zurückbleiben, die zu Unbehagen oder Kritiklosigkeit führen können.

Mit dem beschriebenen Interaktionsverfahren wurde nun das Gleichnis vom verlorenen Sohn in den beiden Gruppen erschlosssen. Im Globalvergleich ergab sich dabei zum einen eine fundamentale Ähnlichkeit in der Auffassung von der Erzählung und der Akzentsetzung bei den Personen des Gleichnisses, zum andern stellten sich zwischen den Gruppen auch charakteristische Abweichungen heraus. Zunächst die Ähnlichkeiten. Bei beiden Gruppen geriet die Rivalität der Brüder in den Vordergrund des Geschehens, die Beziehung zum Vater bzw. des Vaters zu den Söhnen wurde schwächer ausgespielt. Der Akzent wechselte zwar zwischen jüngerem und älterem Sohn, lag aber insgesamt stärker beim älteren Bruder, vor allem dadurch, daß er in beiden Gruppen von Anfang an massiv in Aktion trat, teilweise sogar die Führung in dem Geschehen hatte. Gleich war auch beide Male die harte bis rüde Verurteilung des jüngeren durch den älteren Bruder, und zwar ebenfalls von Anfang an. In dieser Schwerpunktsetzung wurde auffallend vom Text des Gleichnisses abgewichen, und zwar keineswegs durch bewußte Entscheidung, vielmehr durch die Eigendynamik der Interaktion. Das Gleichnis wurde von den Teilnehmern zielsicher als eine Schattengeschichte agiert, ähnlich dem Motiv der feindlichen Brüder, das in Mythen, Sagen und Märchen häufig vorkommt.

18

Die Unterschiede müssen bei beiden Gruppen differenzierter betrachtet werden. In der Studentengruppe machte sich der jüngere Sohn bald auf aus dem Vaterhaus; seine Gründe waren Tatendrang – er sah zu Hause keine befriedigende Betätigung für sich, konnte sich nicht selbst verwirklichen, weil der ältere Bruder bestimmend war; dann Neugier auf die Welt – zu Hause war es ihm zu muffig –, Abenteuerlust und das Gefühl, als Jüngster zu Hause nichts Rechtes zu gelten. Unschwer läßt sich in diesem Motivbündel die Ablösungssituation junger Menschen vom Elternhaus erkennen. In der Gruppe mit älteren Teilnehmern stellte sich der jüngere Sohn als zögernder, unentschlossener Typ heraus; er fühlte sich zu Hause zwar sehr eingeengt und wollte weg, um seinen Horizont zu erweitern, und sagte sich immer wieder: es muß doch auch noch was anderes geben, das kann doch nicht alles sein; aber er schaffte den Absprung nicht aus eigener Initiative; das Weggehen agierte er nur in seiner Phantasie und im häuslichen Gespräch aus. Schließlich wurde er von Vater und Bruder, aus verschiedenen Motiven, regelrecht fortgedrängt, und der Vater mußte ihm noch sein Erbteil aufschwätzen. In dieser Gruppe gab es die zusätzliche Variation, daß der Knecht eine besondere Rolle spielte, auch von Anfang an; er machte sich stark für den Jüngeren wegen dessen Freigebigkeit, Herzlichkeit und infolgedessen Beliebtheit. Das wiederum führte beim Älteren zu Eifersuchtsgefühlen, nicht nur dem Vater gegenüber, sondern auch mit Blick auf die Menschen, die zum Lebenskreis gehören.

Beim älteren Sohn ergab sich ein signifikanter Unterschied. In der älteren Gruppe blieb er vom Anfang bis zum Schluß der abwehrende, erboste, den Bruder bekämpfende und dem Vater grollende Sohn. Während des Verlaufs der Interaktion ließ sich an dieser Rollengestaltung ein psychischer Prozeß im Zeitraffer beobachten, der in Wirklichkeit sehr lange dauert: die Verfestigung eines Menschen in einer einmal eingenommenen Position, die den Verlust der Freiheit nach sich zieht, sich wandeln zu können:

». . . weil keine Wandlung eintritt, verhärtet sich sein Herz immer mehr, bis er schließlich die Freiheit der Wahl verloren hat.«[1]

Erich Fromm sagt dies zwar mit Bezug auf den Pharao bei der Auseinandersetzung mit Mose in der Exodustradition; aber bei der Interaktionsübung konnte der Prozeß einer »Verhärtung des Herzens« im Entstehen erlebt und beobachtet werden. Diese Deutung besagt allerdings nicht, daß der/die Spieler des älteren Sohnes einen solchen Prozeß durchgemacht hätten. Was dabei tiefenpsychologisch abläuft, kann auch das Gegenstück zur äußeren Dramatik sein; dann wird auf der Objektebene eine unbewußte Bedrohung oder Gefährdung ausagiert, die gerade deswegen im realen Leben nicht ausgelebt zu werden braucht, aber im Agieren aus der Abspaltung vom Bewußtsein befreit wird. Es ist ein ähnlicher Vorgang wie das unbewußte Mitleben von Kindern in Märchen, auch des »Bösen« in Märchen; es entlastet sie davon, es realiter zu tun.

In der Gruppe der Studenten bildete sich hier nun eine Variante heraus. Am Schluß stellte der ältere Bruder auf die Ansprache durch den Vater hin Überlegungen an, ob er nicht eine vorsichtige Annäherung an den heimgekehrten Bruder versuchen solle; und er geriet in Zweifel, ob er nicht doch zum Fest hineingehen würde. Es kam in den Überlegungen eine wenn auch schwache Bereitschaft zum Vorschein, die Angelegenheit nicht nur aus seiner eigenen Sicht zu beurteilen, sondern sie auch aus der Sicht des Bruders und vor allem des Vaters wahrzunehmen.

Im Unterschied zu der flexibleren Auffassung von der Rolle des älteren Bruders bei den jüngeren Teilnehmern blieb deren Darstellung der Vaterrolle eher starr, durchgehend eng an die Textvorlage angelehnt. Ursächlich könnte hieran vielleicht der Blick auf die höhere Ebene mitgewirkt haben, auf der der Vater für Gott steht; und in die im Gleichnis gegebene Vorstellung von Gott ändernd einzugreifen, daran könnte eine numinose Scheu gehindert haben. In der Gruppe der älteren Teilnehmer dagegen wurde die Rolle des Vaters ambivalent gestaltet, als einzige von allen im Gleichnis vorkommenden Figuren. Die eine Auffassung hielt sich ebenfalls eng an den Text, akzentuierte Güte und Verstehen des Vaters sogar noch mehr als im Gleichnis. Die Unzufriedenheit des jüngeren Sohnes mit der familiären Situation machte dem Vater sogar Schuldgefühle, und er fragte sich, ob er dessen Drang, sich vom Vater abzusetzen, nicht selbst verursacht habe; schließlich begann er grundsätzlich zu zweifeln an seinem Erziehungsverhalten beiden Söhnen gegenüber. Die zweite Auffassung von der Vaterrolle bildete sich in derselben Gruppe bei der Heimkehrerszene heraus. Zunächst schüchtern, dann stärker entstanden beim Vater Zweifel, ob es richtig sei, den Zurückkehrenden bedingungslos wieder aufzunehmen. Der Vater bezog hier in seine Überlegungen sowohl die für ihn bedenkliche Labilität seines Sohnes mit ein, der vielleicht eine strengere Hand angemessen wäre, als auch den persönlichen Schmerz, den er über das Verhalten des Sohnes zu ihm empfunden hatte. Die in dieser Gruppe entwickelte differenzierte Sicht der Vatergestalt bot einen guten Ansatz, das überhaupt nicht begründete Provozierende am Gottesbild Jesu intensiver zu erfassen.

Die Interaktionsübung verlief inhaltlich in beiden Gruppen natürlich noch viel facettenreicher, als hier wiederzugeben möglich ist. Ich habe nur die Stellen hervorgehoben, die im Vergleich zum Text und im Vergleich der beiden Gruppen besonders auffielen. Die zentrale Heimkehrerszene z. B. habe ich ausgespart, weil sie beide Male weit weniger dramatisch ablief, als vom Text her anzunehmen wäre. Notwendig scheint es mir hingegen zu sein, den Stellenwert eines solchen wie ähnlicher Verfahren für eine tiefenpsychologische Bibelauslegung zu umschreiben.

Das Interaktionsverfahren spricht direkt tiefere psychische Erlebnisschichten der Beteiligten an; das Unbewußte wird in den Dialog mit dem Bibeltext einbezogen, ohne daß tiefenpsychologisches Vorwissen vorhanden sein muß. Gründe dafür sind verschiedene zu nennen. Es fällt der im Umgang mit der Bibel wie untereinander weitverbreitete Zwang weg, etwas Gedachtes, gar Vorgedachtes sagen zu müssen, damit fällt auch der nur dem Kopf entsprungene verbale Ausdruck weg, durch den der Gefühlsbereich von der Interaktion leicht abgeschnürt wird. Da es keinen festgelegten Text zu sprechen gibt, wird spontan, ohne Denkzensur, auf das eingegangen, was die andern jeweils aus ihren Rollen heraus sagen. Dadurch entsteht eine schöpferische Interaktion in zwei Richtungen: Zum einen mit der überlieferten biblischen Erfahrung, deren psychosoziale Ursprungssituation – z. B. zwischen Jesus und den verschiedenen Gruppen im Volk, auf deren Selbstverständnis und Wechselbeziehung das Gleichnis vom verlorenen Sohn sich bezieht – sich in gewisser Weise wieder einstellt, jedoch nicht als ein historischer Abklatsch. Zum andern geht nämlich die Interaktion unter den Teilnehmern, und diese bringen ihre, und das heißt auch unsere heutige psychosoziale Situation ein. Durch die Überschneidung beider Situationen wird die Ursprungserfahrung zu einer Gegenwartserfahrung. Diese wird umso intensiver, je mehr die Beteiligten sich auf den Prozeß emotional einlassen. Es ist z. B. interessant zu beobachten, wie in Gruppen bei fortschreitender Entfaltung der Interaktion eine anfänglich verspielte Einstellung zu dem Geschehen schwindet und eine wachsende innere Beteiligung sich bemerkbar macht.

Weiterhin können die Teilnehmer ihre eigenen Möglichkeiten, sich mit den vorgegebenen biblischen Rollen und Lebenssituationen zu identifizieren bzw. sich in ihnen wiederzufinden oder nicht, realistisch einschätzen und, daraus folgend, ihre gefühlsmäßigen Glaubensvoraussetzungen besser kennenlernen. Im Interaktionsverfahren wird ja der Text, im beschriebenen Beispiel das Gleichnis, aus den individuellen existentiellen Voraussetzungen der Beteiligten heraus nachvollzogen. Die dabei stattfindende Veränderung von Rollen bzw. Inhalten des Textes ist tiefenpsychologisch eine persönliche psychische Aneignung. Der Vergleich der Interaktion in den beiden Gruppen macht auch deutlich, daß die Veränderung der im Text vorgegebenen Rollen von der jeweiligen lebensgeschichtlichen Entwicklung der Beteiligten abhängig ist. Es scheint so, daß die biblischen Gestalten und deren Interaktionen beim Agieren ein umso schärferes Profil gewinnen, je mehr ähnliche oder abgewandelte Erfahrungen in dem betreffenden Lebensbereich psychisch eingeschliffen sind. Im vorgestellten Beispiel betrifft das etwa die unterschiedliche Gestaltung der Vaterfigur, die bei der Gruppe der älteren Teilnehmer ausgesprochen differenzierend, Verhaltensvarianten ausprobierend und deshalb widersprüchlich war, während sie in der jüngeren Gruppe holzschnittartig, mit nur gröberen psychischen Strukturen blieb.

Eine wichtige Frage mit Blick auf die beschriebene Interaktionsübung ist die nach dem Grund für die Verlagerung des Schwerpunktes in beiden Gruppen von der Beziehung Söhne-Vater auf die der Brüder und hier wiederum das besondere Hervortreten des älteren Bruders. Das Gleichnis wurde spontan als eine Schattengeschichte agiert, wobei die Rolle des Schattens dem älteren Bruder zufiel. Mir scheint dieser Vorgang nicht von ungefähr zu kommen. Schon im ursprünglichen Gleichnistext wird das Verhalten des älteren Bruders negativ gewertet. Mit Bezug auf die gesellschaftlich-religiöse Gruppe der Pharisäer, für die er in der lukanischen Redaktion steht, wird seine Figur noch etwas dunkler. Und in der christlichen Auslegungsgeschichte wird sie schließlich zum Inbild nichtchristlichen Verhaltens schlechthin – wie der ältere Bruder/Pharisäer darf sich der Christ nicht verhalten. Nach der vermeintlich christlichen Auffassung darf dieser Schatten nicht gelebt werden[2]. Da er aber doch offenbar auch in Christen vorhanden ist, wird er verdrängt. Die starke gefühlsmäßige Besetzung der Rolle des älteren Bruders bei den Interaktionsübungen zeigt so etwas wie die »Wiederkehr des Verdrängten« (S. Freud) an, die Notwendigkeit, sich mit einem in diesem Falle kollektiven christlichen Schattenbild auseinanderzusetzen. Dies nicht zu tun führt eher zur Blockade als zur Ermöglichung der im Gleichnis angezielten Beziehung zum Vater, zur Ermöglichung des Glaubens an den von Jesus verkündeten Gott.

Ein ähnlich strukturiertes Beispiel, nur beim jüngeren Sohn, erlebe ich in einer dritten Gruppe, die eine richtige Spielinteraktion machte. Der weggegangene Sohn kehrte relativ früh nach Hause zurück. Der Spieler dieser Rolle sagte nachher, er sei gefühlsmäßig noch längst nicht an dem Punkt gewesen, den das Schweinehüten für den Sohn im Gleichnis bezeichnet. Im Augenblick, in dem der Vater den Heimgekehrten mit Freude wiederaufnehmen will, schreckte der zurück und sagte: jetzt beginnt ja die ganze Misere von vorn. Dem Sohn-Spieler wurde klar, daß er deswegen nicht zu einem wirklichen Neubeginn zurückkehren konnte, weil er nicht weit genug weggegangen war. Auch hier war möglicherweise so etwas wie ein christliches Schattentabu wirksam gewesen, daß nämlich ein Sich-Entfernen von Gott nicht sein dürfe, daß es dem Menschen nicht zum Heil, psychologisch gesprochen: nicht zum Selbstwerden gereichen könne. Verkannt wird bei der Aufrechterhaltung solcher Tabus ein Grundgesetz menschlicher Entwicklung, das Hanna Wolff als Therapeutin und Theologin mit Blick auf das Gleichnis vom verlorenen Sohn so beschreibt:

»Erst schwerster Leidensdruck macht den Menschen therapiefähig, indem er letzte, unbewußt in ihm liegende Möglichkeiten zur Wandlung bewußt macht und aktiviert. Genauso erging es dem Sohn im Gleichnis. Der Satz: ›Ich will mich aufmachen und zu meinem Vater gehen‹ war also der erste, schwere Schritt in die Wandlung.«[3]

Wenn wir in unserm Umgang mit biblischer Tradition Schattenbilder des Christlichen so anzunehmen lernen, daß wir mehr wir selbst werden, würde das auch den Weg zu einer tieferen Gotteserfahrung freimachen, so wie der unter die

Räder gekommene Sohn die besondere Nähe des Vaters erfuhr.

Bei tiefenpsychologischen Spontanzugängen zur Bibel, wie dem Interaktionsverfahren, ist die Frage nach der Gotteserfahrung bzw. dem durch Jesus vermittelten Gottesbild zentraler Punkt der nachfolgenden Reflexion. Bei einem Gleichnis wie dem hier behandelten, in dem nicht direkt die Rede von Gott ist, sondern die Gestalt des Vaters erst auf Gott zu übertragen ist, kann die theologische Zielaussage kaum mitagiert werden, es müßte denn jemand die Rolle Gottes spielen. Da das nicht ein ›deus ex machina‹[4] sein kann, sondern eine echte Identifizierung geschehen müßte, ist das für einen Menschen wohl kaum möglich. Auch würde dabei Gott leicht auf die Maße des Menschen zugeschnitten und ginge der numinosen Dimension verlustig. Beim Gleichnis würde zudem die Bildebene zerstört, käme Gott als agierte Rolle hinein. Auf der bei der Interaktion gewonnenen Erfahrungsbasis kann sich in der Nachbesprechung für die Teilnehmer aber das Andersartige des Gottes Jesu besonders plastisch hervorheben, wird doch beim Agieren die Gestalt des Vaters gerade in ihren menschlichen Dimensionen abgeschritten. Im Kontrast dazu steht das, was im Gleichnis über den Vater gesagt bzw. gerade nicht gesagt wird: daß er den Sohn weder beim Weggehen noch Zurückkehren nach den Gründen dafür fragt, daß er ihn nicht nur wiederaufnimmt, sondern ihn mit größeren Ehren und mehr Zuwendung überhäuft als vor dem Weggang, daß er keinerlei Begründung für sein eigenes Verhalten gibt außer der Freude über den Heimgekehrten; er ist einfach, wie er ist, das bedarf keiner Rechtfertigung wie im allgemeinen bei Menschen. Die Kluft zwischen dem im Agieren erlebten Vater und dem Vater/Gott des Gleichnisses müßte in einer denkerischen Aneignung nachvollziehbar werden. Die nachträgliche Reflexion ist daher als integrativer Bestandteil des Interaktionsverfahrens zu verstehen.

Abschließend soll noch kurz der Ertrag des vorgestellten

Verfahrens resümiert werden. Gegenüber einer verbalen tiefenpsychologischen Interpretation hat die Interaktion den Vorzug, das im Gleichnis gestaltete Schattenproblem sowohl auf der Objekt- als auch der Subjektebene erfahrbar zu machen. Indem eine Gruppe miteinander agiert wie in einer Familie – in der jeder Teilnehmer einmal in seinem Leben eine Position eingenommen hat oder innehat –, machen sich die Beteiligten den im Gleichnis erzählten Prozeß auf der Objektebene erfahrungsmäßig zu eigen. Dabei werden sie zugleich ihres inneren Standpunktes in dem Drama ansichtig – das gilt in Grenzen auch für die Beobachter; denn bei dem starken Engagement der Spieler können auch sie emotional nicht ganz außerhalb bleiben. So kann der einzelne z. B. erfahren, ob sein innerer Schwerpunkt mehr beim jüngeren oder älteren Bruder liegt, welche Seite ihm bisher unbewußt geblieben ist und welche Gefühle sich zur Vaterrolle einstellen. Das ist die erlebnismäßige Aneignung des Geschehens auf der Subjektebene.

Das Interaktionsverfahren dient so einer geschärften Selbstwahrnehmung, und diese schafft die Voraussetzung, sich zu ändern, Neues hinzuzugewinnen, gerade auch in dem, was wir religiöse Erfahrung oder Glaube nennen. Bei der Interaktion mit dem hier behandelten Gleichnis könnte eine Weiterentwicklung für Beteiligte z. B. so aussehen: Die Distanz zwischen den agierten Möglichkeiten der Vaterrolle und dem im Gleichnis hingestellten Gottesbild kann ablehnend erlebt werden – immerhin stellt dieses Gottesbild menschliche Wertmaßstäbe in Frage, vgl. die Umwertung des Verhaltens der Brüder; es wird eine Art von negativer Gotteserfahrung gemacht. Verdrängt ein Betroffener diese, weil sie kirchlich-theologisch als nicht legitim gilt und deshalb Schuldgefühle erzeugt, so wird ein Individuationsschritt abgeschnitten. Hält er jedoch dieser fremdartigen und daher angst machenden, religiösen Erfahrung stand, so kann dieser Schatten sein Ich bereichern, indem er ihn ins Bewußtsein läßt, und die Möglichkeit bleibt offen, die von

Jesus provozierend dargestellten Züge an Gott allmählich dem eigenen Gottesbild zu integrieren; und darin würde sich eine tiefere und umfassendere Gotteserfahrung anbahnen. Die Interaktion könnte sich so aus der arrangierten Übung, dem »Spiel«, fortsetzen ins Leben.

1.2 Marta und Maria – Lukas 10

Erzählungen von Auseinandersetzungen eines Menschen mit seinem Schatten gibt es in der Bibel fast ausschließlich von Männern. Da solche Geschichten die Möglichkeiten der Entwicklung zu einem reicheren Menschsein beschreiben – oder in uns näherliegender Sprache –, da sie von dem Drang des Menschen nach Selbstverwirklichung und deren Gefährdungen berichten, macht der Befund die gesellschaftliche sowie sozialpsychologische Situation der Frau in alt- wie neutestamentlicher Zeit deutlich: Eine Entfaltung ihrer individuellen und menschlichen Fähigkeiten, abgesehen von den vorwiegend biologischen der Mutterschaft, ist nicht vorgesehen, wohl auch gar nicht für möglich gehalten. Selbstverwirklichung, Identitätsfindung im gesellschaftlichen und persönlichen Zusammenhang, gibt es nur für den Mann, mindestens aber wird nur diese als menschlich exemplarisch verstanden und gelangt deshalb in die religiösen Traditionen. Tiefenpsychologisch interpretiert, besagt der Befund, daß der Frau psychische Tiefe und Fülle nicht zuerkannt, daß sie als psychisch flach gesehen wird; denn der Schatten ist etwas wie die dritte Dimension, die psychische Körperlichkeit hervorbringt.

In den Evangelien finden sich nun interessanterweise Erzählungen von zwei Söhnen mit gegensätzlichen Verhaltensweisen zum Vater (Gott), worin sich tiefenpsychologisch die Problematik spiegelt, wie durch den Kampf mit dem Schatten und seine Integration in die bewußte psychische Gestalt eine Annäherung an die im Gottesbild repräsentierte

Ganzheit des Menschen gelingen kann; so ist es im Gleichnis vom verlorenen Sohn (Lk 15), ebenso in dem von den ungleichen Söhnen (Mt 21, 28–32); in dieselbe Kategorie gehören auch die Gleichnisse vom guten und bösen Knecht (Mt 24, 45–51; Lk 12, 42–46), vom Pharisäer und Zöllner (Lk 18, 9–14), vom reichen Mann und armen Lazarus (Lk 16, 19–26). Vergleichbares wird von zwei Töchtern bzw. zwei Frauen so gut wie nicht erzählt. Nur zwei Ausnahmen gibt es, das zum Bereitsein mahnende Bildwort von den zwei Frauen an der Mühle, die ein gegensätzliches Schicksal erleiden bei der Wiederkunft des Menschensohnes (Mt 24, 41; Lk 17, 35), und die Erzählung von Marta und Maria in ihrer Beziehung zu Jesus (Lk 10, 38–42). Der erste Text gibt für die Schattenproblematik nicht viel her, weil er lediglich ein in ein Bild gekleideter Aufruf ist. Die Geschichte von Marta und Maria handelt dagegen von der Schattenproblematik aus weiblicher Perspektive. Dadurch hat sie in der Bibel eine einzigartige Stellung und soll deshalb hier interpretiert werden.

Das Schwesternpaar kommt nicht nur bei Lukas, sondern auch im Johannesevangelium vor, dort in Verbindung mit dem Bruder Lazarus, den Jesus aus dem Tode auferweckt (Joh 11), in zwei ganz verschiedenen neutestamentlichen Traditionen also. Auch in Joh 12, 1–8, der Erzählung von der Salbung Jesu durch Maria, erscheinen die beiden Frauen und Lazarus, aber ohne Erwähnung einer geschwisterlichen Verwandtschaft. Von der Salbung erzählen auch alle Synoptiker, jedoch ohne einen Namen der Frau anzugeben. Von daher ist nicht ausgemacht, daß diese Frau, die Lukas zudem als Sünderin beschreibt, mit der Jesus salbenden Maria bei Johannes identisch ist. Für die hier anstehende Frage nach der weiblichen Schattenproblematik in der Bibel ist diese komplizierte Überlieferungssituation jedoch nicht ausschlaggebend. Der Interpretation lege ich die Erzählung von Lukas zugrunde, weil in ihr verhältnismäßig leicht die beiden Schwestern als das Ich und sein Schatten identifiziert werden.

38 Sie zogen zusammen weiter, und er kam in ein Dorf. Eine Frau namens Marta nahm ihn gastlich auf. 39 Sie hatte eine Schwester, die Maria hieß. Maria setzte sich dem Herrn zu Füßen und hörte seinen Worten zu. 40 Marta aber war ganz davon in Anspruch genommen, für ihn zu sorgen. Da kam sie zu ihm und sagte: Herr, kümmert es dich nicht, daß meine Schwester die ganze Arbeit mir überläßt? Sag ihr, sie soll mir helfen! 41 Der Herr antwortete: Marta, Marta, du machst dir viele Sorgen und Mühen. 42 Aber nur eines ist notwendig. Maria hat das Bessere erwählt, das soll ihr nicht genommen werden.

An der Wanderung des Motivs durch sehr unterschiedliche Traditionen und der verschiedenen inhaltlichen Füllung läßt sich ablesen, daß damit nicht nur eine Episode aus dem Leben des historischen Jesus erzählt wird, sondern daß die Erzähler auch an den hinter den wechselnden historischen Details wirksamen, grundlegenden menschlichen Erfahrungen interessiert sind, an dem, was archetypisch genannt werden kann[5]. Von Theologinnen, besonders feministischen, wird die Typisierung der beiden Frauengestalten insbesondere bei Lukas – Marta die eifrig besorgte, dienende Hausfrau, Maria still und bescheiden zu den Füßen Jesu sitzend und ihm lauschend – zusammengesehen mit der Vorbildfunktion, die Kirchenmänner diesen beiden biblischen Frauen immer wieder aufgezwungen haben, um den Frauen in der Kirche ihren bescheidenen Platz und ihre dienende Stellung zuzuweisen. Interessant ist nun, daß bei der kritischen Neuinterpretation durch Theologinnen jede der beiden Frauen recht unterschiedlich, ja gegensätzlich gewertet wird. Wird Marta gesehen als schon von Lukas in die Rolle der dienenden Hausfrau gedrängt, dann ist Maria das durch Jesus ermöglichte Gegenteil dazu, eine Jüngerin in einer vom Mann unabhängigen Position. Wird dagegen Marta wegen ihrer Aktivität und ihrem selbstbewußten Verhalten als Frau mit einer unabhängigen, gar führenden Rolle in der jungen Kirche verstanden, so ist Maria daneben die zwar liebe, aber unscheinbare Frau, die allerdings nach Joh 12, 1–8 durch ihre in der verschwenderischen Salbung der Füße Jesu sich äußernde Liebe eine stille Provokation der Männerwelt bewirkt[6]. Da bei diesen Interpretationen Marta und Maria als zwei reale Gestalten genommen werden, handelt es sich, tiefenpsychologisch beurteilt, um ein Verständnis auf der Objektebene. Schon hier zeigt sich eine Variabilität in der Auffassung der beiden Frauen, die nicht einfach als widersprüchlich beiseite getan werden kann, da hierbei nicht individuelle historische Personen beurteilt, sondern die Typisierung der Gestalten erfaßt wird im Schnittpunkt von gesellschaftlichen Voraussetzungen sowohl der Entstehungszeit der biblischen Erzählungen als auch der jeweiligen Zeit der Auslegenden. Durch diese Konvergenz im Auslegungsverfahren wird die literarisch erstarrte Überlieferung von Maria und Marta für die Gegenwart wieder lebendig.

Die Interpretation, welche die gesellschaftlichen Bedingtheiten einbezieht, erfaßt gewissermaßen die Außenseite der beiden Gestalten. In tiefenpsychologischer Betrachtung wenden wir uns deren Innenseite zu und gelangen damit zur Subjektebene der Geschichte, auf der die Personen als Anteile oder Funktionen der Psyche einer der Figuren zu verstehen sind. Auch bei dem Verständnis als innerpsychisches Drama ist eine Variabilität der Auffassungen möglich. Als Schattengeschichte kann die Erzählung gelesen werden wegen der kontrastierenden Zeichnung des Schwesternpaares, vergleichbar der männlichen Schattengeschichte von Jakob und Esau im Alten Testament. Da die Schwestern hier aber von der Erzählstruktur her nicht nur wie auf einer Geraden wechselseitig einander zugeordnet, sondern wie in einem Dreieck gleichzeitig auf Jesus ausgerichtet sind, kann derselbe Text auch mit Blick auf eine andere archetypische Symbolik gelesen werden, nämlich als Anima-Geschichte Jesu; dabei symbolisieren die Schwestern die zwei Gesichter der Anima Jesu, die beide zu ihm gehören, von denen er im Unbewußten aber einer mehr zuneigt, der nach innen gewandten, der Maria. Diese Interpretationsmöglichkeit soll hier jedoch nicht weiter verfolgt werden; denn Anima-Erzählungen gibt es über Jesus in den Evangelien mehrere, durchstrukturierte Schattengeschichten von Frauen aber nicht.

Bei einer Erzählung von einem Menschen mit seinem Schatten ist als erstes nach der Ich-Figur zu fragen. Welche der Schwestern kann sinnvollerweise als solche genommen werden? Das Ich ist als psychische Instanz Motor für das Verhalten des Menschen nach außen und innen; in ihm als Bewußtseinszentrum sind die Fähigkeiten des rationalen Denkens und Wollens vereint. Da die Aktive, Handelnde, Bestimmende in der Geschichte Marta ist, drückt sie am besten die Ich-Funktion der Psyche aus. Sie ist somit das Ich, dem die andern Personen in der Geschichte als psychische Teilbereiche zuzuordnen sind. Die Geschichte wird daher aus der Perspektive der Marta interpretiert. Maria fungiert dann als der Schatten der Marta. Sie stellt das dar, was Marta als ihre eigene psychische Möglichkeit nicht lebt, was sie sogar entschieden ablehnt, wie die Kritik an ihrer Schwester zeigt. Jesus verkörpert in dieser psychischen Konstellation eine Appellationsinstanz, denn ihn ruft das Ich Martas als Richter an, und sie erhält auch ein Urteil von ihm, allerdings ein ganz anderes, als sie erbeten und erwartet hat. Er macht Marta ihre Einseitigkeit bewußt und verweist sie indirekt darauf, daß sie noch andere Möglichkeiten als die, die sie bewußt lebt, verwirklichen soll; er zeigt ihr den Weg zur Entwicklung auf eine inhaltsreichere psychische Gestalt hin. Die Appellationsinstanz ist dem Ich Martas überlegen, ist umfassender als dieses. So erscheint Jesus in der Geschichte als das archetypische Bild des Selbst der Marta.

Um welche Inhalte das Ich sich erweitern soll, kann erst deutlich werden, wenn die Art der Ich-Funktionen bei dieser Frau genauer erkannt ist. Auf der Objektebene unter gesellschaftlichem Aspekt stellt Marta den Prototyp des damaligen, eng begrenzten Lebens einer Frau dar: Hausfrau und Bedienerin des Mannes, und darin sehr tüchtig. Bei tiefenpsychologischer Innenschau stellt sich das aber anders dar. Daß sie ihr Leben damit ausfüllt, den Mann – sicher nicht nur Jesus – zu bedienen, bedeutet auf der Subjektebene eine Animus-Fixierung. Dem »typisch Weiblichen« der gesellschaftlichen Rolle entspricht tiefenpsychologisch ein nicht integrierter Animus, das heißt dem Bewußtsein nicht zugängliche, weil im Unbewußten verschlossene männliche Fähigkeiten. Diese bringen sich bei Marta sozusagen in pervertierter Form zum Zuge, als Aktionismus und vorwurfsvolle Selbstgerechtigkeit, die aus dem Unzufriedensein mit der eigenen Lebensweise herrühren; auch als Unfähigkeit, die Veränderung ihrer Situation selbst vernünftig in die Hand zu nehmen, und spiegelbildlich dazu als Abhängigkeit von der Tatkraft und dem Urteil des Mannes. Auf der Objektebene sieht das so aus, daß Marta die gestörte Beziehung zu ihrer Schwester nicht mit Maria selbst zu klären versucht, sondern Jesus, den Mann, dafür einspannen will; dies ist ein charakteristisches Merkmal für weibliche Projektion des Animus auf einen Mann. Ein weiteres, fast klassisches Anzeichen für einen nicht integrierten, unbewußt ausgelebten Animus ist Martas Hyperaktivität, für die kein sinnvolles Ziel vorhanden ist, die sich vielmehr im Kreise dreht und Marta daher in der Entfaltung ihres weiblichen Menschseins nicht voranbringt. Wenn sie so weitermacht und ihrem Unbehagen nur durch »Meckern« Luft macht, wird sich ihr Leben nie ändern. So betrachtet, erscheint das Bild von Marta recht gegenwartsnah und läßt sich zur Deckung bringen mit dem Leben mancher Frauen auch in unserer Gesellschaft, die ständig beschäftigt sind, aber auf unproduktive Art für ihre eigene Entwicklung. Am Beispiel der biblischen Marta ist bestens der Zusammenhang zu studieren zwischen gesellschaftlicher Einengung, unbefriedigenden persönlichen Beziehungen und der behinderten Fähigkeit, vorhandenes psychisches Potential zu realisieren. Ob einer der Faktoren ersturschlich für die andern ist, dürfte sich kaum feststellen lassen. Es scheint sich eher um ein gegenseitiges Bedingungsgefüge zu handeln, das wohl von einem der Faktoren her aufgebrochen werden kann, wo aber dann Veränderungen in allen drei Bereichen stattfinden müssen, wenn der stockende Individuationsprozeß wieder in Gang kommen soll. Zu beginnen bei der Änderung der eigenen psychischen Tiefenwahrnehmung ist ein wirkungsvoller Ansatz, weil er bei ernstem Betreiben Änderungen auf der Objektebene nach sich ziehen wird. Dagegen muß ein Ansatz beim gesellschaftlichen Faktor nicht auch zur Veränderung innerer Einstellungen führen, und tut er das nicht, so können gesellschaftliche Veränderungen an einem menschlichen Entwicklungsfortschritt vorbeiführen.

Zurück zu Marta. Ihre äußere Lebenssituation als Frau in einer streng patriarchalischen Gesellschaft hätte sie direkt wohl schwerlich verändern können. Aber just ihr animusunintegriertes Verhalten läßt ihre Kraft zur Revolution nach innen erkennen. In ihrer Schwester wird sie ihres eigenen Schattens als eines bislang ungenützten psychischen Potentials ansichtig. Mit Hilfe Jesu, den sie zwar als ihren unbewußten Animus angeht, der sich ihr gegenüber aber nicht als solcher, sondern als die Fähigkeit zur Selbst-Werdung erweist, wird ihre Wahrnehmung des ihr fehlenden Teils ihres weiblichen Menschseins geschärft. Indem sie erkennt, daß in ihrer Schwester sich ihre eigene andere Möglichkeit, Frau zu sein, darstellt, verliert ihr Geschäftigsein, das an einen Verdrängungsmechanismus erinnert, an Bedeutung, und es zeigt sich ein sinnvolles Ziel für ihre Bereitschaft zum Aktivsein.

An Maria als dem Schatten von Martas Frausein zeigt sich nun ein interessanter Aspekt dieser tiefenpsychologischen Konstellation. Wir sind gewohnt, unsere Schattenseite für etwas Dunkles, Schlechtes, jedenfalls Negatives zu halten. Martas Schatten aber ist positiv; ihr Selbst-Urteil darüber läßt daran keinen Zweifel: Maria verkörpert den guten oder besseren Teil von Marta. Für die Selbst-Werdung heißt das aber dann, daß Marta ihrem Schatten nicht nur dauernde

Aufmerksamkeit zuwenden muß, damit er sich nicht destruktiv zur Geltung bringt, sondern daß sie ihn leben, ja ausleben muß, wenn sie ein ganzes Menschsein leben will. Was beinhaltet nun dieser Schatten? Es ließe sich mit *einem*, heute mißverständlich gewordenen Wort bezeichnen: Innerlichkeit. Maria erscheint in der Erzählung als die, der die Tagesgeschäfte unwichtig sind. Sie lauscht den Worten Jesu, das bedeutet tiefenpsychologisch: sie ist dem inneren Bild des Selbst zugewandt. Da dieses auf der Objektebene nie voll realisiert und auch nicht realisierbar ist, ist es das Bild zukünftigen, hier: weiblichen Menschseins, dessen Impulse im Schatten Martas ankommen. Dieser Teil ihres Menschseins ist der gute, der unverlierbare, denn er enthält schon das, worauf Marta ihre in der Welt der äußeren Realien verzettelten Kräfte noch erst konzentrieren muß, um zu werden, was sie, im Bild ihrer Schwester, als Möglichkeit schon ist.

Daß gerade in einer weiblichen Schattengeschichte aus biblisch-patriarchalischer Zeit der Schatten positiv ist und deshalb voll gelebt werden muß, hängt wohl mit der Unterdrückung der guten, das heißt der zum vollständigen Menschwerden drängenden Fähigkeiten in einer androzentrischen Kultur zusammen und wohl auch damit, daß die Frauen dabei die mehr passiv Leidenden und nicht die Unterdrückenden sind. Wie sehr ein aufgezwungenes, als solches erkanntes, durchlebtes und so überwundenes Leiden neue Horizonte für das Menschsein öffnen kann, zeigt insbesondere die Passion Jesu. Von daher wird verständlich, daß Marta die ganzheitlichen Möglichkeiten ihres weiblichen Menschseins bewußt werden durch Jesus, der als solch ganzer bewußter Mensch gelebt hat. Mir scheint, daß ein Mensch, dem ein hohes Maß an Integration unbewußter Fähigkeiten gelungen ist, Einfluß auf die Selbstwerdung auch andersgeschlechtlicher Menschen hat, und zwar in der Weise, daß er ihnen zu ihrer geschlechtsspezifischen Ausprägung des Menschseins helfen kann. Unsere Geschichte ist ein Beispiel dafür, daß eine Frau durch den Mann Jesus ihre Möglichkeit zu vollerem Frausein erkennt. Die Begegnung mit dem realen Jesus weckt in Marta das bisher unbewußte Bild eines ganzen weiblichen Lebens, das Bild ihres Selbst. Dies läßt sich so vorstellen, daß die reale Marta in ihrer realen Schwester Maria bei der nur gegenseitigen Konfrontation eine negative Seite des Frauseins gesehen hat als Ergebnis der Projektion ihres Schattens auf die Schwester. In der über Jesus laufenden Beziehung der Schwestern zueinander verändert das Sein Jesu das Bewußtsein der Marta. Sie erkennt ihre Bewertung der Schwester als Projektion, und in diesem Augenblick kann sie das an Maria bisher negativ Bewertete als ihre eigene, noch ungelebte positive Möglichkeit von Frausein sehen.

Es gibt außer dieser zwar keine weiteren weiblichen Schattengeschichten in den Evangelien, aber es gibt eine Reihe von Anima-Animus-Geschichten, in denen der Einfluß Jesu auf Frauen sich ähnlich darstellt. Daß Frauen Jesus im gesellschaftlichen Umgang mit ihnen anders erfahren haben als andere Männer, scheint mir nicht die Ursache, sondern die Folge seiner umfänglicheren Bewußtheit zu sein. Jesus kann daher, wie ich meine, auch das Maß des Menschseins der Frau sein.

In der Geschichte von Marta und Maria läßt sich auch über die geschichtlichen Zeiträume hinweg relativ leicht ein Grundproblem weiblicher Selbstverwirklichung erkennen. Marta und Maria kann es in jeder Frau geben, mit stärkerem Akzent teils auf dem Marta-, teils auf dem Mariatyp. Die Animus-Aktivität der Marta mit der Anima-Rezeptivität der Maria ins Gleichgewicht zu bringen ist in einer gegenüber der biblischen mehr emanzipatorischen Zeit aber womöglich noch schwerer, da die weiblichen Animusfähigkeiten sich nicht mehr nur in Familie und Küche austoben müssen wie bei der biblischen Marta, sondern in der Teilnahme am öffentlichen Leben noch weit sorgfältigerer Beachtung und bewußter Gestaltung bedürfen.

1.3 Kain und Abel – Genesis 4

Genesis 4, 1–16

Der Mensch erkannte Eva, seine Frau; sie wurde schwanger und gebar Kain. Da sagte sie: Ich habe einen Mann vom Herrn erworben. 2 Sie gebar ein zweites Mal, nämlich Abel, seinen Bruder. Abel wurde Schafhirt und Kain Ackerbauer.

3 Nach einiger Zeit brachte Kain dem Herrn ein Opfer von den Früchten des Feldes dar; 4 auch Abel brachte eines dar von den Erstlingen seiner Herde und von ihrem Fett. Der Herr schaute auf Abel und sein Opfer, 5 aber auf Kain und sein Opfer schaute er nicht. Da überlief es Kain ganz heiß, und sein Blick senkte sich. 6 Der Herr sprach zu Kain: Warum überläuft es dich heiß, und warum senkt sich dein Blick? 7 Weißt du nicht: Wenn du recht tust, darfst du aufblicken. Wenn du nicht recht tust, lauert an der Tür die Sünde als Dämon. Auf dich hat er es abgesehen, doch du werde seiner Herr! 8 Hierauf sagte Kain zu seinem Bruder Abel: Gehen wir aufs Feld. Als sie auf dem Feld waren, griff Kain seinen Bruder Abel an und erschlug ihn. 9 Da sprach der Herr zu Kain: Wo ist dein Bruder Abel? Er entgegnete: Ich weiß es nicht. Bin ich der Hüter meines Bruders? 10 Der Herr sprach: Was hast du getan? Das Blut deines Bruders schreit zu mir vom Ackerboden. 11 So bist du verflucht, verbannt vom Ackerboden, der seinen Mund aufgesperrt hat, um aus deiner Hand das Blut deines Bruders aufzunehmen. 12 Wenn du den Ackerboden bestellst, wird er dir keinen Ertrag mehr bringen. Rastlos und ruhelos wirst du auf der Erde sein. 13 Kain antwortete dem Herrn: Zu groß ist meine Schuld, als daß man sie wegnehmen könnte. 14 Du hast mich heute vom Ackerland verjagt, und ich muß mich vor deinem Angesicht verbergen; rastlos und ruhelos werde ich auf der Erde sein, und wer mich findet, wird mich erschlagen. 15 Der Herr aber sprach zu ihm: Darum soll jeder, der Kain erschlägt, siebenfacher Rache verfallen. Darauf machte der Herr dem Kain ein Zeichen, damit ihn keiner erschlage, der ihn fände. 16 Dann ging Kain vom Herrn weg und ließ sich im Lande Nod nieder, östlich von Eden.

Das erste Brüderpaar in der Bibel veranschaulicht eine starke Dynamik und die Gefährlichkeit des menschlichen Schattenproblems, und zwar sowohl auf der Objekt- als auch auf der Subjektebene. Die Objektebene ist in diesem Falle identisch mit der Weltgeschichte, auf deren Tagesordnung zu allen Zeiten Brudermord als Vernichtung des mitmenschlichen Bruders steht. Unter diesem Gesichtspunkt ist Kain eine kollektive Person, in der die ganze Menschheit zusammengefaßt ist. Den kollektiven Aspekt hat Kain, neben dem der individuellen Entwicklung, auch auf der Subjektebene; da verkörpert er *das* Stadium der menschlichen Bewußtseinsentwicklung, in dem das Ich als psychische Bewußtseinsinstanz mit der Erkenntnis- und Steuerungsfunktion für den gesamten psychischen Organismus aus dem psychischen Ozean des Unbewußten auftaucht, das Stadium, in dem der Mensch beginnt, sich als Individuum zu fühlen und er infolgedessen als einzelner Verantwortung für sein Tun und Lassen zu übernehmen lernen muß. Im Anschluß an die Paradies- und Sündenfallgeschichte, die Erzählung vom Ursprung des Menschen und dem ersten Bewußtwerden in der geschlechtlichen Differenzierung, stellt Gen 4 die Phase dar, in der der Mensch sich endgültig von der »Mutter Erde«, von der er stammt, also aus seinem Naturzustand befreien und das Risiko, er selbst zu werden, eingehen muß. Wie in der psychischen Frühzeit der Menschheit ist diese Entwicklungsphase auch in jedem individuellen Menschenleben zu bewältigen; insofern steht Kain exemplarisch für beide. Darüber hinaus bildet die Geschichte von Kain und Abel ein in allen menschlichen Lebensphasen akutes Poblem ab, nämlich das, wie der Mensch die ungestalteten, zum Chaotischen neigenden starken Energien der unbewußten Psyche zähmt, so daß sie konstruktiv dem Aufbau einer ganzheitlich-bewußten Psyche dienen. Es ist das Problem der Anbindung des psychischen Schattens an die bewußte Psyche. Gen 4 gibt das Beispiel einer destruktiven Auflösung des Problems und bietet insofern eine pessimistische Sicht vom Menschen. In dieser Geschichte verselbständigt sich der menschliche Schatten; das ist eine in der Bibel verhältnismäßig selten erzählte Konstellation. Aus diesem Grund wird die Kain- und Abel-Geschichte hier betrachtet. Da es sich um einen mythischen Text handelt, legt sich eine tiefenpsychologische Auslegung besonders nahe[7].

An der Gestalt Kains ist die psychische Instanz des Ich ›in statu nascendi‹[8] zu beobachten. Kain verkörpert als der ältere Bruder die archaische Schicht der Psyche, die dem kollektiv Naturhaften noch stark verhaftet ist, wie Kain mit dem Beruf des Bauern an die »Mutter Erde« gebunden ist. In Abel, dem jüngeren Bruder, ist die in der Geschichte des Menschen erst später hervortretende Bewußtseinsfähigkeit dargestellt. Abels Beruf des Hirten symbolisiert die Fähigkeiten des Ich: die des bewußten Führens, der ordnenden Aufsicht, des Planens in die Zukunft hinein, der Veränderungsbereitschaft, so wie der Hirte seine Herde lenkt, sie beisammenhält, für ihren Fortbestand sorgt, von Weide zu Weide mit ihr zieht. Der Name »Abel« = Windhauch kennzeichnet ihn als geistiges Prinzip, als eine »obere«, dem Bewußtsein zugehörige Kraft, drückt aber auch sein Gefährdetsein und seine Schwäche gegenüber den psychischen Elementarkräften aus. Die Abelseite von Kain müßte die Führung in der Psyche übernehmen, wenn eine menschliche Entwicklung statthaben soll. Im Opfer aber reißt die Kainseite die Führung an sich. Der Elementarbereich erfährt beim Opfer eine Eindämmung – Kain opfert Erdhaftes, Abel Tierisches; dieses Opfer ist unumgänglich, um Bewußtheit zu erlangen; es ist der Initialakt der Selbstwerdung. Auf der Objektebene heißt das: das Opfer ist notwendig, um von Gott angeschaut zu werden. Angeschaut wird nur Abel, das vom Selbst erfaßte Prinzip des Bewußtwerdens. An dieser Stelle geschieht die Stärkung des Ich, und es wäre von hier aus eine gradlinige Individuation durch Bewußtwerdenlassen der psychischen Elementarkräfte denkbar. Die Situation schlägt jedoch ins Gegenteil um, das Unbewußte wehrt das Bewußtwerden ab – Kain überläuft es heiß, wie wenn einen Menschen eine irrationale Leidenschaft packt. Doch steht dem Hinweggerissenwerden Kains durch das irrationale Unbewußte die Hemmung durch einen positiven Selbst-Impuls noch entgegen, in der Mahnung Gottes, der dämonischen Sünde nicht die Tür aufzumachen. In diesem Bild wird das Unbewußte als autonom gesehen mit großer Macht über das Bewußtsein. Das Konzept C. G. Jungs vom kollektiven Unbewußten, einer psychischen Tiefenschicht von menschheitlichem Ausmaß, die sich dem Bewußtsein gegenüber als etwas Überpersönliches präsentiert, scheint hier geradezu illustriert zu sein. Unter der »Sünde« ist in diesem Zusammenhang das Auslöschen des Ich und die daraus folgende psychische Machtergreifung der irrationalen Kräfte zu verstehen. Herr soll aber das bewußt steuernde Ich sein, sonst bricht psychisches Chaos aus – du werde seiner (des Dämonischen) Herr, sagt Gott zu Kain.

Das chaotische Unbewußte hat aber schon die Herrschaft ergriffen, der Mord an Abel zeigt es. Mit dieser Tat befördert Kain . sein bewußtes, zur Vernunft begabtes Ich ins Unbewußte zurück. Er gibt der »Mutter Erde« Abels Blut zu trinken; in diesem gewaltigen Urbild erscheint die Urmutter nicht als die alles Lebende Hervorbringende und Nährende, sondern als die Allverschlingerin. Kain gibt sich ihr, das ist den Mächten des Unbewußten, preis und löscht so die spezifisch menschliche psychische Fähigkeit in sich aus. An die Stelle des Ich hat sich der Schatten gesetzt.

Die Brudertragödie von Kain und Abel erweist sich damit als direktes Gegenbeispiel zur Schattengeschichte von Jakob und Esau im gleichen Buch des Alten Testaments. In dieser sind die rationalen Ich-Fähigkeiten des Jakob überzüchtet, und er unterdrückt den dunklen Bruder Esau in sich. Auch aus dieser Konstellation droht dem Ich tödliche Gefahr: Esau trachtet Jakob nach dem Leben. In beiden Erzählungen hat sich offensichtlich eine menschliche Urerfahrung niedergeschlagen davon, daß das Auseinanderdriften der psychischen Pole Unbewußtes – Bewußtsein, gleich zu welchem Pol sich das Übergewicht neigt, das charakteristisch Menschliche der Psyche bedroht, und zwar vom unbewußten Pol aus. Die Geschichten sagen, daß unsere archaische Psyche sich sozusagen gewalttätig gegen die menschliche Bewußtseinsposition wehrt und nur dann kreativ wirkt, wenn sie in ein gleichgewichtiges Spannungsverhältnis zum Bewußtsein gebracht wird durch den Prozeß der Individuation.

In der Erzählung von Kain und Abel wird die Ursache für den Ausbruch des psychischen Chaos darin gesehen, daß Kain sich weigert, »Mutter Erde« zu verlassen und Abel zu werden. Er muß gewaltsam von ihr fortgetrieben werden, um sich nicht mehr von seinen Leidenschaften treiben zu lassen. Gott, die ihm innewohnende Kraft des Selbst treibt ihn vom Ackerboden fort, zwingt ihn zur psychischen Abnabelung; nur so kann er ein freier, sich selbst steuernder, bewußter Mensch werden. Kain, dem die Herausbildung des steuernden Bewußtseins nicht gelungen ist, bringt die Vertreibung von der »Mutter Erde« Rastlosigkeit ein; das ruhelose Umherziehen ist Bild für die verlorene Ursprungsgeborgenheit und ist Bild für die Unfähigkeit, bei sich selbst zu sein. Alles wirkt sich feindlich gegen ihn aus, Erde und Menschen, und Gott ist ihm fern; das heißt, die Herrschaft des Unbewußten führt zu psychischem Zerfallensein. Die Angst des unsteten Kain, erschlagen zu werden, spricht von der Gefahr, daß das, was sich nicht entwickeln will, untergeht. Andererseits ist die Ruhelosigkeit des auf »Mutter Erde« umherschweifenden Menschen Auslöser für die Kulturtätigkeit; von Kain wird gesagt, er habe die erste Stadt gegründet (4, 17b), den Ort, wo eine neue, bewußt geschaffene Geborgenheit und Beheimatung möglich wird. In der psychischen Katastrophensituation gibt es einen weiteren Lichtblick: Kain erkennt seine Schuld, und zwar in ihrem ganzen Ausmaß. Tiefenpsychologisch besagt dies: er erkennt seine eigene Fehlentwicklung und übernimmt Verantwortung dafür. Das ist eine Funktion des Ich, das jetzt seine erste Chance vom bisher unbewußten Kain erhält. Dieses erste Keimen einer Ich-Werdung wird von den Selbst-Kräften sogleich unterstützt – Kain erhält von Gott ein Schutzzeichen, damit er nicht zugrundegerichtet werden kann. Dies ist der einzige tröstliche Zug in der trostlosen Geschichte. Er verdeutlicht, daß auch der seinem Schatten anheimgefallene Mensch Kain das Zeichen des Selbst an sich trägt, das er werden soll. Sogar der, der sein bewußtes Ich erschlagen hat, kann noch zum vollständigen Menschen werden; aber er muß weit weg vom Ziel anfangen – Kain ist fern vom Herrn.

Der tiefenpsychologisch verstandene Text legt zwei verallgemeinernde Schlußfolgerungen nahe. Am ausführlichsten wird davon gesprochen, daß die Entwicklung des charakteristisch Menschlichen am Menschen höchst gefährdet ist durch unbewußte, dem menschlichen Ich überlegene psychische Kräfte. An Kain ist das Fehlschlagen der humanen Bewältigung einer Macht demonstriert, die der archaischen Schicht der menschlichen Psyche entstammt. Die Verweigerung der spezifisch *menschlichen* Selbst-Verwirklichung führt hiernach zu »brudermörderischer« psychischer Einstellung. In einer die biblische Erzählung weiterführenden Reflexion wäre zu fragen, ob das reale brudermörderische Verhalten in der Menschengeschichte nicht tatsächlich mit einer verweigerten Bewußtseinsentwicklung als typisch menschlicher Lebensaufgabe zusammenhängt.

Eine zweite, Positives beinhaltende Schlußfolgerung läßt sich ziehen. Jeder Mensch hat, solange er lebt, die Chance, er selbst zu werden, auch wenn er vom »Bösen« in Besitz genommen zu sein scheint, auch wenn er seinen negativen Schatten auslebt, statt ihn dem Bewußtsein zu integrieren. Die Geschichte von Kain und Abel läßt, wenn auch nur rudimentär, eine unverwüstliche psychische Integrationsfähigkeit erkennen, die in theologischer Aussage die den Menschen rettende Macht Gottes ist, aber wohl nicht als etwas völlig außerhalb des Menschen gedacht werden kann.

Das biblische Thema »Kain und Abel« hat interessanterweise eine intensive Wirkungsgeschichte in der Literatur gehabt und hat sie bis heute[9]. Nur ein Beispiel soll hier angeführt werden.

Hilde Domin

Abel steh auf

Abel steh auf
es muß neu gespielt werden
täglich muß es neu gespielt werden
täglich muß die Antwort noch vor uns sein
die Antwort muß ja sein können
wenn du nicht aufstehst Abel
wie soll die Antwort
diese einzig wichtige Antwort
sich je verändern
wir können alle Kirchen schließen
und alle Gesetzbücher abschaffen
in allen Sprachen der Erde
wenn du nur aufstehst
und es rückgängig machst
die erste falsche Antwort
auf die einzige Frage
auf die es ankommt
steh auf
damit Kain sagt
damit er es sagen kann
Ich bin dein Hüter
Bruder
wie sollte ich nicht dein Hüter sein
Täglich steh auf
damit wir es vor uns haben
dies Ja ich bin hier
ich
dein Bruder
Damit die Kinder Abels
sich nicht mehr fürchten
weil Kain nicht Kain wird
Ich schreibe dies
ich ein Kind Abels

und fürchte mich täglich
vor der Antwort
die Luft in meiner Lunge wird weniger
wie ich auf die Antwort warte

Abel steh auf
damit es anders anfängt
zwischen uns allen

Die Feuer die brennen
das Feuer das brennt auf der Erde
soll das Feuer von Abel sein

Und am Schwanz der Raketen
sollen die Feuer von Abel sein[10]

Im Rückbezug auf die biblische Darstellung scheint mir an dem Gedicht der wichtigste Aspekt der bedrängende Wunsch zu sein, mit Abel und Kain möge es noch einmal beginnen, aber anders. Die Dichterin faßt die biblische Erzählung offensichtlich als (arche-) typisch für menschliches Schicksal auf und erhofft sich eine Änderung des Geschehens von Abel ausgehend; mir ist von dem Gedicht am deutlichsten der sich durchziehende dringliche Appell »Abel steh auf« haften geblieben. In Gen 4 spielt Abel keine große Rolle, er darf ja nicht leben. Aber Hilde Domins Gedicht scheint mir sehr genau den in tiefenpsychologischer Betrachtung entscheidenden Punkt an der biblischen Erzählung zu treffen, daß nämlich Kain nicht Mensch werden kann, wenn er den Abel in sich nicht wiedererweckt und leben läßt.

Vergleiche mit der literarischen Bearbeitung eines biblischen Themas, mit deren Ähnlichkeiten und Widersprüchen, scheinen mir eine fruchtbare Weise zu sein, die menschlichen Grunderfahrungen biblischer Überlieferungen zu erschließen. Methodisch günstig wäre dabei eher der Einstieg mit dem literarischen Beispiel, zumal wenn es ein Gegenwartstext ist, der heutiges Lebensgefühl und Selbstverständnis von Menschen ausspricht. Erscheint die biblische Bildwelt in einem uns leichter zugänglichen, heutigen Sprachgewand, so läßt sich die existentielle Aktualität jener vielleicht leichter erkennen. Daß alte mythische Motive, wie das von Kain und Abel, ihre Lebenskraft bis in die Gegenwartsliteratur hinein erweisen, scheint mir solche Aktualität zu bestätigen[11].

2. Mann und Frau – der eine Mensch

Dieses Kapitel hebt sich von den andern insofern ab, als ihm eine längere theoretische Überlegung beigegeben ist und die Paradies- und Sündenfallgeschichte sehr ausführlich interpretiert wird. Beides berücksichtigt eine spezielle Sachlage dieser Thematik. Erst in neuester Zeit wird bewußt, wie sehr der weibliche Aspekt in der gesamten Bibel und ihrer Wirkungsgeschichte ausfällt, und es werden ganz neue Entdeckungen in diesem Bereich gemacht. Das damit angezeigte kirchlich-theologische Problem stellt eine Seite der bewußt gewordenen, gesamtgesellschaftlichen Situation der Frau dar. Tiefenpsychologisch betrachtet, hat dieser Problembereich auch einen für die menschliche Entwicklung sehr wichtigen psychischen Innenaspekt, der sich in dem zentralen Archetypus von Anima und Animus veranschaulichen läßt. Von der Problemlage her scheint es mir daher gerechtfertigt zu sein, diesem psychischen Sektor mehr Aufmerksamkeit zuzuwenden als den andern und von einem nicht nur gesellschaftlichen Ansatz aus ein Stück Problemlösung zu versuchen.

2.1 Frau und Bibel

Das Anima-Animus-Thema stellt sich im Rahmen einer tiefenpsychologischen Bibelauslegung als Problem der Beziehung von Frau und Bibel dar. Deshalb soll in der Zwischenüberlegung an diesem Aspekt die Reichweite der tiefenpsychologischen Auslegungsmethode verdeutlicht werden.

Bei der Arbeit mit einer Gruppe von Leiterinnen/-n in der Frauenseelsorge wurde mir gesagt: »Was Sie da machen, ist ja in vielen Punkten dasselbe, was die feministische Theologie will.«[12] Eigene anschließende Nachforschungen bestätigten mir solche Ähnlichkeit. Ich war verblüfft, hatte ich meine Untersuchungen bis dahin doch völlig unabhängig vom feministischen Ansatz betrieben. Den Grund für die Nähe beider Ansätze sehe ich in dem Versuch, die Bibel nicht mehr nur aus einseitig männlicher, sondern unter Einschluß der weiblichen, und das heißt aus menschlich-ganzheitlicher Perspektive zu lesen, und das heißt vor allem: unter bislang unbewußt gebliebenen Gesichtspunkten. Diese aufzudecken und durch sie ein breiteres Spektrum biblischer Erfahrungen zu erschließen ist das Anliegen beider Betrachtungsweisen. Für den tiefenpsychologischen Ansatz ergeben sich dabei für die weibliche Sicht auf die Bibel Erkenntnisse, die eine exegetische Engführung überwinden helfen können. Einige Fixpunkte solcher Einsichten möchte ich hier skizzieren.

Die biblischen Inhalte sind in einer von Männern geprägten Gesellschaft (Altes Testament) und Kirche (Neues Testament) entstanden, sind in einem solchen geistigen Raum sich verändernd tradiert und schließlich literarisch in die Form gebracht worden, die für alle Generationen von Christen die Grundlage ihres Glaubens ist. Da in patriarchalisch verfaßten Gesellschaften Frauen nicht oder nur ausnahmsweise in die Öffentlichkeit hinein wirken können, läßt sich schließen, daß sowohl das Alte wie das Neue Testament allein aus männlicher Sicht und Erfahrungsweise gestaltet worden ist. Die weibliche Weise, Menschsein zu leben und zu verstehen, fehlt infolgedessen[13]. Die biblischen Traditionen spiegeln somit die männliche Psychologie wider; und das gilt auch für die Art, wie die in der Bibel durchaus vorkommenden Frauengestalten gesehen werden. Für das Anima-Animus-Problem hat das die Konsequenz, daß Animusprojektion und -integration durch die Frau in der Bibel nur fragmentarisch vorkommen und dann noch – wahrscheinlich – aus der Sicht von Männern dargestellt sind. Das Problem weiblicher Individuation ist uns demzufolge in der Bibel nur aus zweiter, aus männlicher Hand zugänglich.

Die männliche Perspektive trifft aber nicht nur für die Entstehungszeit der Bibel zu, sondern ebenso für die Auslegungs- und Wirkungsgeschichte der Bibel, die ja durch die Jahrhunderte hindurch auch von Männern gemacht worden ist. Die Auslegung der Bibel hat sogar männlichen Ausschließlichkeitscharakter, insoweit sie in der kirchlichen Öffentlichkeit zugelassen worden ist; und nur diese kirchlich zugelassene Auslegung konnte ja Geschichte machen. Bei diesem Prozeß gab die Bibel nur das von ihren Erfahrungen her, was mit männlicher Einäugigkeit gesehen werden konnte. Als modernes Beispiel von männlicher Einseitigkeit der wissenschaftlichen Bibelauslegung kann die historisch-kritische Exegese gelten. Werden ihr Vorgehen und ihre Entwicklung in den letzten rund hundert Jahren von tiefenpsychologischen Kategorien aus beurteilt, so stellen sie sich als immer deutlicher werdender Ausdruck eines nur männlich orientierten Bewußtseins heraus. Damit ist gemeint, daß die Bibel nur angegangen wird mit den Erkenntnisfunktionen des Verstandes in konstatierenden und schlußfolgernden Verfahren, z. B. in Text- und Formvergleichen, im Erschließen nur noch indirekt zugänglicher Traditionsschichten, u. a. Im Bezug auf die Gesamtpsyche bedient sich solch ein Verfahren der differenziertesten und entwicklungsgeschichtlich »modernsten« psychischen Funktion. Aber als die von den psychischen Vitalfunktionen, vor allem dem Gefühlsbereich am weitesten entfernte und deshalb auf schmaler psychischer Basis arbeitende Funktion kann sie auch nur einen schmalen Ausschnitt der biblischen Wirklichkeit erfassen. Männlich kann dieses Vorgehen genannt werden, weil es geschichtlich von Männern entwickelt und in einer vorherrschenden Position bei der Wirklichkeitserfassung gefestigt worden ist. Darin bildet sich eine psychische Einseitigkeit ab, durch die die anderen, beim Mann zwar auch angelegten, aber vorwiegend der Frau zugeschriebenen psychischen Fähigkeiten unterdrückt worden sind und werden. Es handelt sich dabei um Funktionen zur Wirklichkeitserschließung, die im unbewußten, weniger strukturierten und schwer zugänglichen, aber produktiven Teil der Psyche wurzeln, der interessanterweise landläufig als das Irrationale abqualifiziert wird[14]. Für die Erschließung biblischer Wirklichkeit als besonders wichtig möchte ich aus diesem Bereich die Fähigkeit zur Empathie, zum Sich-Einfühlen in die biblische Welt hervorheben. Was nützt dem Menschen, der heute als Christ glauben möchte, oder dem, der sich für die biblische Überlieferung nur interessiert, eine bis ins Detail richtige, gedanklich logische und begrifflich ausgefeilte historisch-kritische Analyse z. B. einer Wunder-geschichte oder Auferstehungserzählung, wenn an ihr nicht der Enthusiasmus oder auch das Leiden der Menschen spürbar werden, nämlich die »irrationalen« Mächte, aus denen solche Geschichten entstanden sind? Um Leben bei Menschen heute in Gang zu setzen und so Glauben zu entfachen, von denen die Bibel erfüllt ist, bedarf es vor allem einer Art von kongenialer Übersetzung in unser heutiges Verstehen; diese aber wird sich nicht in erster Linie in Sätzen von abstrakter und dürrer Begrifflichkeit niederschlagen, sondern sich eher äußern in zwar weniger klaren, aber umso reicheren Bildern, die durch einen schöpferischen Austausch zwischen dem Unbewußten der sich einfühlenden, mit Gefühlen beteiligten Psyche und den Tiefendimensionen biblischer Texte hervorgebracht werden. Um einen solchen Prozeß eines existentiell fruchtbaren Umgangs mit der Bibel voranzutreiben, bedarf die heute oft sterile männliche Exe-gese der anderen, der weiblichen psychischen Fähigkeiten.

Wie hier nur andeutungsweise skizziert, sehe ich einen Zusammenhang zwischen einer tiefenpsychologischen und feministischen Betrachtung der Bibel. Mit Hilfe beider sich gegenseitig bereichernder Ansätze könnte das verdrängte Weibliche sowohl in der Bibel als auch in ihrer Auslegungsgeschichte hervorgeholt und zum Zuge gebracht werden. Selbstverständlich verlangt das, die Bibel nicht mehr vorwiegend aus männlicher Sicht, sondern stärker aus dem

Erfahrungshorizont von Frauen zu lesen, das heißt zugleich: unter Einbezug der nichtrationalen psychischen Tiefenschichten.

Es bleibt nun zu überlegen, in welchen Schritten und auf welches Ziel hin das Thema »Frau und Bibel« sich entfalten kann. Der erste, sicher unumgängliche Schritt muß in der Kritik am bisherigen, einseitig männlichen Bibelverständnis bestehen. Eine methodisch angelegte Lektüre der Bibel aus weiblicher Erfahrung und weiblichem Denken heraus kann dazu führen, daß eine festgefahrene einseitige Betrachtungsweise aufgebrochen wird. Analog dem Aufbrechen eines naiv historischen und dogmatisch präjudizierten Bibelverständnisses durch die historische Kritik könnte die feministische Bibelkritik ein unreflektiert männliches Bibelverständnis befreien zu einem vollmenschlichen und in der Konsequenz davon zu einer Gottesvorstellung gelangen ohne ideologische Verengungen, ohne götzenhafte Eindimensionalität. Als charakteristisch männlich an der gegenwärtig vorwiegend praktizierten Exegese möchte ich deren analytische, zergliedernde Methode bezeichnen, ihre dissoziierende Wirkung. Tiefenpsychologisch betrachtet, arbeitet diese Methode aus bloßen Bewußtseinsfähigkeiten, aktiviert nur psychische Teilfunktionen. Männliche Exegese erschließt daher die Bibel auch nur in Teildimensionen. Eine weibliche Exegese würde dagegen mehr von rezeptiv-kreativen Fähigkeiten ausgehen, das heißt, sie würde biblische Wirklichkeit primär als Ganzes wahrnehmen, statt sie zu atomisieren, und sie würde diese als Ganzes nachgestalten für die Erfahrung heutiger Menschen. Die Nähe bzw. sogar Identität einer Bibelauslegung aus weiblicher Perspektive zur tiefenpsychologischen rührt aus ihrem synthetischen bzw. konstruktiven Denkansatz her, der sich durch seine intuitive Kraft zur Zusammenschau des Zusammengehörigen, z. B. der manifesten Aussageebene eines Bibeltextes mit seiner Tiefenstruktur, von dem trennenden Denken kritischer Betrachtungsweisen abhebt.

Eine die biblische Wirklichkeit ganzheitlich, auf der Ebene bewußter und unbewußter Mitteilung erfassende Auslegung aus weiblicher Sicht wird sich nicht erschöpfen dürfen in feministischer Kritik am männlich einseitigen Bibelverständnis[15]. Eine erste Erweiterung androzentrischer Einseitigkeit ergibt sich, wenn das in der Bibel vorhandene, aber bisher übersehene Weibliche herausgestellt wird. Dazu gehört die Beachtung der Frauengestalten im Alten wie im Neuen Testament, und zwar nicht nur am Rande oder in männlich verzerrter Sicht, sondern mit dem Stellenwert, der ihnen im biblischen Gesamtzeugnis zukommt, und befreit von den Umdeutungen, die ihnen zum Teil bereits in der biblischen Überlieferung widerfahren sind; so wie es etwa mit der Erstzeugenschaft der Frauen vom leeren Grab bzw. der Osterbotschaft geschehen ist, die zwar von allen Synoptikern erzählt (Mk 16; Mt 28; Lk 24), in ihrer Bedeutung für die Gemeindebildung aber heruntergespielt, bei Lukas gar als »Weibergeschwätz« diskriminiert (24, 11) und im Johannesevangelium sogar zugunsten der Erstzeugenschaft von Petrus und Johannes umgebogen wird (Joh 20). In den gleichen Zusammenhang gehört auch, daß in der Wirkungsgeschichte der Bibel männlich gedeutete Weiblichkeit gereinigt wird von den Überformungen und Entstellungen, eine Notwendigkeit, die sich insbesondere für das Bild der biblischen Maria, der Mutter Jesu, ergibt.

Bibelexegese aus weiblicher Perspektive wird darüber hinaus vor allem auf die Suche gehen nach den verlorengegangenen weiblichen Zügen in den alt- und neutestamentlichen Gottesvorstellungen. Ich fasse darunter ausdrücklich benannte, mütterliche Eigenschaften oder Verhaltensweisen Gottes, aber auch Aussagen von Gott, die herkömmlich anthropomorph, menschengestaltig heißen, frei wiedergegeben: Züge an Gott, die der menschlichen Psyche einfühlbar sind. An diesem Punkt weitet sich weibliches Verstehen der Bibel von der manifesten Textebene aus auf die Tiefen biblischer Wirklichkeit; erst diese läßt feministische Exegese zu einer ganzheitlichen werden. Hier wäre zu forschen nach den im Entstehungs- und Überlieferungsprozeß unterschwellig eingeflossenen, aber unbewußt gebliebenen weiblich-ganzheitlichen Tendenzen der Bibel. Aus der Tiefenperspektive dürfte sich mancher Bibeltext als viel weniger androzentrisch erweisen, als er auf der oberflächigen Ebene daherkommt. Viele Bibeltexte entsprechen durchaus dem tiefenpsychischen Gesetz der Kompensation, das besagt, daß eine bewußtseinsmäßig einseitige – im Bezug auf die Bibel: männliche – Einstellung durch ihr unbewußtes Gegenstück – auf die Bibel bezogen: das weibliche Element – ins Gleichgewicht gebracht wird. Diesen unbewußten Teil biblischer Erfahrung unserem bewußten Leben und Glauben zu integrieren scheint mir Möglichkeit und Aufgabe einer weiblichen Lektüre der Bibel zu sein.

Vor dieser Aufgabe steht jedoch eine unüberwindlich scheinende Schwierigkeit, die ich zu Beginn des Abschnitts schon erwähnt habe. Die bewußte Darstellungs- und Überlieferungsperspektive ist so gut wie ausschließlich männlich. Woher soll dann ein Modell für eine weibliche oder besser: ganzheitliche Perspektive auf die Bibel kommen, wenn es nicht einfach aus dem weiblich-männlichen Menschenbild unserer Zeit auf die Bibel zurückprojiziert werden soll, was die exegetischen Befunde verfälschen würde? Ein solches hermeneutisches Modell, das heißt ein sachlich angemessener ganzheitlicher Verstehenszugang, müßte und kann, wie ich meine, aus der Bibel selbst gefunden werden. Dieses Modell kann die Gestalt Jesu sein, wie sie in den synoptischen Evangelien überliefert ist. Es ist der Jesus, der als Mann auch die weibliche Seite der männlichen Psyche, seine Anima, gelebt hat, der weibliche Möglichkeiten, das Leben in Erfahrung zu bringen, verwirklicht hat, indem er sich gefühlsstark Menschen zuwandte, und zwar mit voller psychischer Präsenz dem jeweils einzelnen, der gerade zu seinem Gegenüber wurde; der nicht, wie es in patriarchalisch organisierten Gesellschaften oft zu beobachten ist, eine allgemeine, aber abstrakte Menschheitsliebe propagierte, vielmehr alle Fähigkeit der Empathie dem konkreten Menschen in seiner konkreten Lebenslage voll zukommen ließ. In diesem Sinne ist Jesus das Modell des männlich-weiblich integrierten Menschen; und das gilt auch, wenn mit letzter Sicherheit nicht mehr auszumachen ist, wie sich die Persönlichkeit Jesu und sein Verhalten historisch im einzelnen dargestellt haben. Ausschlaggebend für uns heute ist das archetypisch gewordene Muster vom Menschsein Jesu, das, anders als das historisch Einmalige und Vergängliche, über die Jahrtausende hinweg exemplarische Kraft entfaltet.

Aus den bisherigen Überlegungen lassen sich hilfreiche Kriterien ableiten für die Interpretation der Anima-Animus-Thematik in der Bibel. Zunächst kann aus der sowohl im Alten wie im Neuen Testament breitgestreuten Anima-Problematik des Mannes und der weitgehend fehlenden Animus-Problematik der Frau geschlossen werden auf die psychisch-soziale Befindlichkeit der Frau in biblischen Zeiten, in tiefenpsychologischer Betrachtung auf die Minderbewertung ihrer menschlichen Individuation, auf die weitgehend nur funktionale Behandlung weiblicher Lebens-verwirklichung, das heißt nur im Hinblick auf die Funktion der Frau im Selbstwerdungsprozeß des Mannes. Dieser Befund erlaubt dann einen Rückschluß auf die Konstellation des Animus-Archetypus beim Thema »Frau und Bibel«, und zwar auf die Unterdrückung bzw. Verleugnung männlicher psychischer Faktoren und Potenzen bei der Frau in der gesamtbiblischen Tradition wie auch in deren Auslegungs-geschichte. Hierbei handelt es sich allerdings nicht wie bei der Anima-Verkümmerung des Mannes in der biblischen Welt um eine Eigenverleugnung, sondern um Fremdunter-drückung aufgrund der biblischen und nachbiblischen Androzentrik. Die männliche Seite der weiblichen Psyche in der Bibel und deren Auslegung kann deshalb nur dann als genuin Weibliches und nicht entliehenes Männliches entdeckt werden, wenn das Bibelverständnis aus der Männlichkeitszentrierung herausgerückt wird. Nur wenn zusätzlich zur weiblichen Lektüre der Bibel auch die der Männer gewissermaßen mit ihren Anima-Augen hinzukommt, gelangen wir zu einer vollmenschlichen Begegnung mit der Bibel. Beide Komponenten, die wir in einer männlich-weiblich gespaltenen Welt mühevoll zusammenbringen müssen, sind in dem in den Evangelien von Jesus gezeichneten Bild geeint. Mit Hilfe dieses Bildes vom männlich-weiblich integrierten Menschen läßt sich sowohl in der manifesten Sprachschicht als vor allem in den Tiefenstrukturen biblischer Überlieferung auch die weibliche Perspektive hervorholen. Frauengestalten und Frauengeschichten in der Bibel müßten gewissermaßen mit den Augen Jesu gesehen und gelesen werden. Männer können im anima-integrierten Jesus wie in einem Spiegel erfahren, was ganzheitliches männliches Menschsein ist. Frauen müssen allerdings größere Mühe aufwenden, weil sie nur in einem Umkehrverfahren an Jesus erkennen können, was animus-integriertes weibliches Menschsein ist. In beiden Fällen würde die neue Sicht auf die Bibel die geschlechtliche Differenzierung des Menschen nicht verdrängen und dennoch ganzheitlich sein.

Die Überlegungen dieses Abschnitts können in etwa als Leitfaden benutzt werden, um Anima-Animus-Erzählungen der Bibel in einem umfassenden Zusammenhang zu sehen. Bei den nachfolgenden Interpretationen sind sie als theoretischer Rahmen stets mitzudenken.

2.2 Die Sache mit Eva – Genesis 2–3

Genesis 2, 4b–3, 24

2, 4b Zur Zeit, als Gott der Herr Erde und Himmel machte, 5 gab es auf der Erde noch keine Feldsträucher und wuchsen noch keine Feldpflanzen; denn Gott der Herr hatte es auf die Erde noch nicht regnen lassen, und es gab noch keine Menschen, die den Ackerboden bestellten. 6 Aber Feuchtigkeit stieg aus der Erde auf und tränkte die ganze Fläche des Ackerbodens.

7 Da formte Gott der Herr den Menschen aus Erde vom Ackerboden und blies in seine Nase den Lebensatem. So wurde der Mensch zu einem lebendigen Wesen. 8 Dann legte Gott der Herr in Eden, im Osten, einen Garten an und setzte dorthin den Menschen, den er geformt hatte. 9 Gott der Herr ließ aus dem Ackerboden allerlei Bäume wachsen, verlockend anzusehen und mit köstlichen Früchten, in der Mitte des Gartens aber den Baum des Lebens und den Baum der Erkenntnis von Gut und Böse.

10 Ein Strom entspringt in Eden, der den Garten bewässert; dort teilt er sich und wird zu vier Hauptflüssen. 11 Der eine heißt Pischon; er ist es, der das ganze Land Hawila umfließt, wo es Gold gibt. 12 Das Gold jenes Landes ist gut; dort gibt es auch Bdelliumharz und Karneolsteine. 13 Der zweite Strom heißt Gihon; er ist es, der das ganze Land Kusch umfließt. 14 Der dritte Strom heißt Tigris; er ist es, der östlich an Assur vorbeifließt. Der vierte Strom ist der Eufrat.

15 Gott der Herr nahm also den Menschen und setzte ihn in den Garten Eden, damit er ihn bebaue und hüte. 16 Gott der Herr gebot dem Menschen: Von allen Bäumen des Gartens darfst du essen, 17 doch vom Baum der Erkenntnis von Gut und Böse darfst du nicht essen; denn wenn du davon ißt, wirst du sterben.

18 Dann sprach Gott der Herr: Es ist nicht gut, daß der Mensch allein bleibe. Ich will ihm eine Hilfe machen, die ihm entspricht. 19 Gott der Herr formte aus dem Ackerboden alle Tiere des Feldes und alle Vögel des Himmels und führte sie dem Menschen zu, um zu sehen, wie er sie benenne. Und wie der Mensch jedes lebendige Wesen benannte, so sollte es heißen. 20 Der Mensch gab Namen allem Vieh, den Vögeln des Himmels und allen Tieren des Feldes. Aber eine Hilfe, die dem Menschen entsprach, fand er nicht.

21 Da ließ Gott der Herr eine Ohnmacht auf den Menschen fallen, so daß er einschlief, nahm eine seiner Rippen und verschloß ihre Stelle mit Fleisch. 22 Gott der Herr baute aus der Rippe, die er vom Menschen genommen hatte, eine Frau und führte sie dem Menschen zu. 23 Und der Mensch sprach:

Das endlich ist Gebein von meinem Gebein
und Fleisch von meinem Fleisch.
Frau soll sie heißen,
vom Mann ist sie genommen.

24 Darum verläßt der Mann Vater und Mutter und bindet sich an seine Frau, und sie werden ein Fleisch. 25 Beide, der Mensch und seine Frau, waren nackt, aber sie schämten sich nicht voreinander.

3,1 Die Schlange war schlauer als alle Tiere des Feldes, die Gott der Herr gemacht hatte. Sie sagte zu der Frau: Hat Gott wirklich gesagt: Ihr dürft von keinem Baum des Gartens essen? 2 Die Frau entgegnete der Schlange: Von den Früchten der Bäume im Garten dürfen wir essen; 3 nur von den Früchten des Baumes, der in der Mitte des Gartens steht, hat Gott gesagt: Davon dürft ihr nicht essen, und daran dürft ihr nicht rühren, sonst werdet ihr sterben. 4 Darauf sagte die Schlange zur Frau: Nein, ihr werdet nicht sterben. 5 Gott weiß vielmehr: Sobald ihr davon eßt, gehen euch die Augen auf; ihr werdet wie Gott und erkennt Gut und Böse. 6 Da sah die Frau, daß es köstlich wäre, von dem Baum zu essen, daß der Baum eine Augenweide war und dazu verlockte, klug zu werden. Sie nahm von seinen Früchten und aß; sie gab auch ihrem Mann, der bei ihr war, und auch er aß. 7 Da gingen beiden die Augen auf, und sie erkannten, daß sie nackt waren. Sie hefteten Feigenblätter zusammen und machten sich einen Schurz.

8 Als sie Gott den Herrn im Garten gegen den Westwind einherschreiten hörten, versteckten sich der Mensch und seine Frau vor Gott dem Herrn unter den Bäumen des Gartens. 9 Gott der Herr rief nach dem Menschen und sprach: Wo bist du? 10 Er antwortete: Ich habe dich im Garten kommen hören, da bekam ich Angst, weil ich nackt bin, und habe mich versteckt. 11 Darauf fragte er: Wer hat dir gesagt, daß du nackt bist? Hast du von dem Baum gegessen, von dem zu essen ich dir verboten habe? 12 Der Mensch antwortete: Die Frau, die du mir beigesellt hast, sie hat mir von dem Baum gegeben, und so habe ich gegessen.

13 Gott der Herr sprach zu der Frau: Was hast du da getan?

Die Frau antwortete: Die Schlange hat mich verführt, und so habe ich gegessen.

14 Da sprach Gott der Herr zu der Schlange: Weil du das getan hast, bist du verflucht unter allem Vieh und allen Tieren des Feldes. Auf dem Bauch sollst du kriechen und Staub fressen alle Tage deines Lebens. 15 Feindschaft stifte ich zwischen dir und der Frau, zwischen deinem Nachwuchs und ihrem Nachwuchs. Er trifft dich am Kopf, und du triffst ihn an der Ferse.

16 Zur Frau sprach er: Viel Mühsal bereite ich dir, oft wirst du schwanger sein, unter Schmerzen gebierst du Kinder. Dennoch verlangt dich nach dem Mann, doch er wird über dich herrschen.

17 Zum Menschen sprach er: Weil du auf deine Frau gehört und von dem Baum gegessen hast, von dem zu essen ich dir verboten hatte: So ist verflucht der Ackerboden deinetwegen. Unter Mühsal wirst du von ihm essen alle Tage deines Lebens. 18 Dornen und Disteln läßt er dir wachsen, und die Pflanzen des Feldes mußt du essen. 19 Mit Schweiß im Angesicht wirst du dein Brot essen, bis du zurückkehrst zum Ackerboden. Von ihm bist du ja genommen. Denn Staub bist du, zum Staub mußt du zurück.

20 Der Mensch nannte seine Frau Eva, denn sie wurde die Mutter aller Lebendigen. 21 Gott der Herr machte dem Menschen und seiner Frau Röcke aus Fellen und bekleidete sie damit. 22 Dann sprach Gott der Herr: Seht, der Mensch ist geworden wie wir; er erkennt Gut und Böse. Daß er jetzt nicht die Hand ausstreckt, auch vom Baum des Lebens nimmt, davon ißt und ewig lebt! 23 Gott der Herr schickte ihn aus dem Garten von Eden weg, damit er den Ackerboden bestellte, von dem er genommen war. 24 Er vertrieb den Menschen und ließ östlich des Gartens von Eden die Kerubim lagern und das lodernde Flammenschwert, damit sie den Weg zum Baum des Lebens bewachten.

2.2.1 Ausgangslage zum Verstehen von Genesis 2–3

Die Paradies- und Sündenfallgeschichte gehört zu den bekanntesten Stücken biblischer Überlieferung, sogar bei Menschen, die Christliches nicht weiter interessiert. Daran schon wird wohl deutlich, daß die Erzählung nicht nur historisch Überholtes aus den literarischen Überlieferungen des alten Israel enthält, sondern zu einer über die Jahrtausende hinweg menschlich interessierenden Thematik Stellung bezieht. Was am stärksten an der Geschichte reizt, dürfte die Sache mit Eva sein, die zu einer Wurzel für das Elend vieler Frauen in der jüdisch-christlich inspirierten Zivilisation geworden ist. Speziell in der kirchlich-theologischen Wirkungsgeschichte mußte Eva als negatives Urbild herhalten zur Herabsetzung der Frau, bis hin zu der grandiosen Selbstüberhebung des großen Kirchenlehrers Thomas von Aquin, der die Frau für einen mißglückten Mann hielt, und bis zur Verteufelung der Frau als der Ursache für das Böse in einer einseitig männlichen Welt[16]. Für ungezählte christliche Frauen hat es durch die Jahrhunderte nur eine legitime Alternative zur Fremd- und Selbsteinschätzung gegeben, die zwischen Eva, dem Ursprung des Bösen, und dem ebenfalls von männlicher Animosität gezeichneten Gegenbild der jungfräulichen sündenlosen Maria. Lange vergangene Geschichte sind diese aufgezwungenen Vorbilder noch nicht; dafür kann ich eine eigene biographische Reminiszenz liefern. Als Theologiestudentin traf ich an einem Sonntag in der heimatlichen Kirche einen jungen Priester, der den Gottesdienst hielt und den ich schon öfter in Vorlesungen an der Universität gesehen hatte; wohl ein Doktorand, seinen Namen kannte ich nicht. Vor der Kirchentür wechselten wir ein paar Worte, eher belangloser Art, wie es geschieht, wenn man sich schon anderswo gesehen hat, sich aber nicht kennt. Er fragte mich nach meinem Berufsziel, und auf meine Antwort sagte er dann: »Wenn Sie Religionslehrerin werden wollen, da muß es sich dann noch herausstellen, ob Sie Maria oder Eva sind.« Zunächst verstand ich den Sinn des Satzes überhaupt nicht, aber er dämmerte mir dann bald. Jahrzehnte habe ich aber gebraucht, um den männlich-klerikalen Chauvinismus in dem Ausspruch zu erkennen. Bei solchen Auswirkungen einer biblischen Geschichte ist die Frage danach, wie es um die Sache mit Eva wirklich stehe, nicht nur angebracht, sondern notwendig, zumal feministische Theologinnen sich diesem Text berechtigterweise bevorzugt zuwenden[17].

Es ist nicht zu verkennen, daß die im 10. Jahrhundert v. Chr., zur Zeit des Königs Salomo, vom Jahwisten abgefaßte Erzählung ein patriarchales Kolorit aufweist; auf der manifesten Textebene ist das leicht zu sehen: die Frau entsteht, der biologischen Tatsache zum Trotz, aus dem Mann; die Frau übertritt als erste das Verbot Gottes und verleitet auch den Mann dazu; der Mann wird als Strafe für die Sünde zum Herrn über die Frau erklärt; letztlich wird die Frau verantwortlich gemacht für den Verlust des paradiesischen Urzustandes. Trotzdem scheint mir dieses Resümee nur einem oberflächlichen Blick auf die Erzählung standzuhalten. Der Jahwist hat ja deren Motive nicht einfach erfunden; er versucht vielmehr, seine Ideen in einem uralten, menschheitlich-mythischen Material auszudrücken; durch den Firnis der jahwistischen Theologie schimmert das noch überall durch: die Frau ist im Vergleich zum Mann eine viel profiliertere, eine eigenständige Gestalt; der Mann dagegen wirkt ziemlich schwach, ohne Entschlußfähigkeit, verantwortungsscheu, wie er seine Schuld an dem Debakel der Frau zuschiebt, ja mit seinem Hinweis, daß Gott ihm die Frau gegeben habe, diesen noch haftbar macht. Auch erscheint es ungewöhnlich, daß in einer patriarchalisch organisierten Gesellschaft der Mann der Ehe wegen seine Ursprungsfamilie verläßt. Solche Züge geben zu der Vermutung Anlaß, der Erzählstoff habe ursprünglich eine matriarchale Fassung gehabt – daß der Mann seine Frau »die Mutter aller Lebendigen« (Gen 3, 20) nennt, weist am Ende der Erzählung noch besonders darauf hin[18]. Von dem Unwahrscheinlichen abgesehen, daß der jahwistische Erzähler diese weibliche Einfärbung des Stoffes, auch in seiner eigenen Fassung noch, nicht bemerkt haben sollte, darf die Geschichte nicht isoliert von anderen, zumal eng benachbarten alttestamentlichen Aussagen zum gleichen Thema gelesen werden; vor allem nicht von der priesterschriftlichen Version von der Erschaffung des Menschen in Gen 1, 26–27, auch wenn diese einige hundert Jahre jünger ist als die jahwistische. Da sie aus Priesterkreisen stammt, lassen sich sicher patriarchale Entstehungsbedingungen annehmen. Um so bemerkenswerter ist es, daß in Gen 1 Mann und Frau, ohne Unterordnung der Frau, als *der* Mensch und beide in gleicher Weise als Abbild Gottes gesehen werden. Die Stelle beweist jedenfalls so viel, daß es in der von Männern dominierten

Gesellschaft des alten Israel nicht nur die theologische Auffassung von der menschlichen und religiösen Minderwertigkeit der Frau gegeben hat. Und wenn wir auch die ältere Paradies- und Sündenfallerzählung nicht einfach im Lichte der jüngeren Schöpfungsgeschichte interpretieren dürfen, so sollte Gen 2–3 doch mindestens in Korrespondenz zu Gen 1 betrachtet werden, zumal der jahwistische Text selbst massive Aspekte einer nicht nur männlichen Deutung der Geschlechterrollen bietet. Einer Auslegung in heutiger Zeit kann jedenfalls der weiblich gefärbte Stoff sowie der Vergleich mit Gen 1 dazu verhelfen, die bislang unterdrückte oder nicht wahrgenommene Perspektive von Gen 2–3 zu sehen; es ist die Seite der Erzählung, mit der sich vor allem die feministische Exegese befaßt.

Es scheint aber sowohl bei der traditionellen, männlich orientierten wie der feministischen Auslegung von Gen 2–3 ein gemeinsames Mißverständnis dem Text gegenüber zu geben, wenn auch mit umgekehrtem Vorzeichen. Gattungsmäßig handelt es sich bei dem Text um eine mythische Erzählung. Wenn er auch kein Mythos im strengen Sinn ist – er ist keine Göttergeschichte –, so unterliegt doch auch dieser Text den Strukturgesetzen mythischen Erzählens und muß dementsprechend ausgelegt werden. Bei den üblichen Interpretationen wird nun, tiefenpsychologisch gesprochen, das Mythische auf die Objektebene fixiert, das heißt konkretistisch verstanden, als handle es sich bei dem Erzählten um Zustände und Vorgänge in der Außenwelt. Wenn die Interpreten sich dabei auch wohl kaum vorstellen dürften, Paradies und Sündenfall seien prähistorische Ereignisse gewesen, so verfahren sie dennoch so, als nähmen sie das an[19]. Die Schwierigkeit scheint mir daher zu rühren, daß das Dargestellte aus einer Bewußtseinslage heraus betrachtet wird, bei der Bildertexte wie der vorliegende nur auf dem rational-begrifflichen Bewußtseinssektor erfaßt werden. Daß bildhafte Aussagen andere Bewußtseins- bzw. psychische Kategorien enthalten und beim Leser ansprechen, wird dabei nicht realisiert, kann es wohl auch nicht. Denn das beschriebene Mißverständnis scheint jeweils dann gegeben zu sein, wenn aus (vermeintlich) rationaler Aufgeklärtheit gedacht und gehandelt wird. Das traf wohl schon für den Jahwisten zu, der sein Werk zur Zeit der Salomonischen Aufklärung geschrieben hat, und – um ein Gegenbeispiel zu nennen – trifft auch auf Teile des feministischen Verständnisses von Gen 2–3 zu. Das Mißverständnis führt meines Erachtens in eine Sackgasse, weil es nur extreme, sich polarisierende Auffassungen vom Text hervorbringt, wobei jede Seite gute Argumente für ihre Interpretation anführen kann, die sich aber durch ihre gegenseitige Widersprüchlichkeit relativieren. Bevor ich eine eigene Auslegung von Gen 2–3 versuche, möchte ich daher eine Reflexion über die Bedeutung mythischen Sprechens einschieben.

2.2.2 Mythische Rede

In der erweiterten Form, zu der sich der Begriff des Mythischen in religionswissenschaftlicher Diskussion entwickelt hat, dient er zur Beschreibung der Mentalität, der Denkweise oder des Daseinsverständnisses von alten Völkern. In mythischen Erzählungen werden die Grundsatzfragen des Menschen nach sich selbst und seiner Welt, die Fragen des Woher, Warum und Wozu in Ursprungsgeschichten von Göttern (Theogonien), der Welt (Kosmogonien) und vom Menschen (Anthropogonien) beantwortet. Darin liegt die begründende Funktion des Mythischen. Das heißt, die jeweils gegenwärtige Wirklichkeit wird in einer Erzählung von ihrer Entstehung erklärt, und ihr Ursprung wird verstanden als in die Gegenwart und alle Zeiten hinein weiterwirkend. Der Ursprung wird in mythischen Erzählungen in die Urzeit verlegt, wodurch sich die darin behandelten Fragen als von überzeitlicher, »ewiger« Geltung ausweisen.

M. Eliade nennt das in den Mythen Mitgeteilte eine »Grenzsituation« des Menschen und versteht darunter »jene Situation, die der Mensch entdeckt, wenn er seinen eigenen Standort im Weltall erkennt«[20]. Der Zeit jenseits der Zeit, von welcher Mythen erzählen, entspricht die Welt jenseits der Welt, in der das mythische Geschehen abläuft, die Welt der Götter; Mythen gelten in der Religionswissenschaft als Göttergeschichten. Und auf die göttliche Welt sind sie auch dann ausgerichtet, wenn sie von wechselseitigen Einwirkungen der Götter und Menschen aufeinander erzählen. Unter diesem Aspekt könnte das Mythische in der Bibel leicht verneint werden, da hier der Götterhimmel offensichtlich durch Jahwe bzw. den Gott Jesu entmythisiert worden ist. Doch in Erinnerung daran, daß Mythen das Daseinsverständnis in urtümlichen Kulturen aussprechen, ist die Götterwelt als eine Dimension menschlicher Wirklichkeit zu verstehen. In den Göttern ist das an Mensch und Welt bildhaft gestaltet, was – aus moderner Sicht formuliert – auf empirischem Wege nicht zugänglich, dennoch aber höchst wirksam ist. So läßt sich, mit aller Vorsicht, die mythische Dimension der Wirklichkeit als transzendent begreifen. Die Einbeziehung von empirischen Phänomenen, z. B. Naturereignissen, in die begründende Erklärung holt die ganze Welt in die transzendente Dimension hinein. Dabei ist jedoch zu bedenken, daß eine Differenzierung in empirische und transzendente Dimension nicht aus der Sicht des mythisch denkenden, sondern nur aus der des modernen Menschen gegeben ist. Der mythisch empfindende Mensch erlebt alle Dimensionen der Wirklichkeit als eine Ganzheit.

Der in der Theologie oft behauptete Gegensatz zwischen mythischem, z. B. vorderorientalischem, und geschichtlich-biblischem Denken muß nach dem dargelegten Mythosverständnis relativiert werden. Zunehmend werden nämlich im Mythischen auch historisch strukturierte Elemente erkannt. So spricht z. B. Lévi-Strauss von der zugleich historischen und ahistorischen Struktur des Mythos und sieht das historische Moment darin gegeben, daß die erzählten vergangenen Ereignisse »eine Dauerstruktur bilden«, die »sich gleichzeitig auf Vergangenheit, Gegenwart und Zukunft« bezieht[21]. Die Geschichtsmächtigkeit des Mythischen läßt sich durch bestimmte Charakteristika belegen. So manifestieren sich die zeitlosen mythischen Vorstellungen in Bildern und Symbolen, die verschiedenen geographischen, kulturellen, sozialen Umwelten entstammen, und dies sowohl im Hinblick auf die Verbreitung in relativ gleichzeitigen Kulturen[22] als auch hinsichtlich der Wanderung mythischer Vorstellungen durch zeitlich aufeinander folgende Kulturen. Das Mythische verkörpert sich auch in vielen Erzählgestalten, je nach dem geschichtlichen Raum und der historischen Stunde, in denen es erzählt wird. So verwandelt sich das Mythische die wechselnden historischen Bedingtheiten menschlichen Lebens als seine Leiblichkeit an, um Ausdruck menschlichen Daseinsverständnisses zu sein und als solches verstanden zu werden. Auch ist umgekehrt zu beobachten, daß Geschichte mythisierbar ist und auch mythisiert wird. Dieser Aspekt ist für die Verhältnisbestimmung von Mythos und Geschichte im Alten Testament wichtig[23]. Israel verbindet seine theologische Geschichtsinterpretation mit einem die Geschichtszeit und -welt transzendierenden Kontinuum menschlichen Daseinsverständnisses, indem es eine Urgeschichte voranstellt und seinen in der Geschichte handelnden Gott Jahwe zugleich als den Weltenschöpfer versteht. Die Urgeschichte ist daher nicht nur von den heilsgeschichtlichen Überlieferungen aus zu lesen, sondern umgekehrt erhalten auch die Geschichtstaten Jahwes durch die mythischen Daseinsinterpretationen eine neue Farbe.

Faßt man die genannten Kennzeichen des Mythischen zusammen, so läßt sich das darin kundwerdende Daseinsverständnis etwa so charakterisieren: In den mythischen Vorstellungen alter Völker manifestiert sich die Identität von Menschsein. Dies könnte der Grund sein für die Gleichheit bzw. Ähnlichkeit mythischer Symbole bei allen Völkern sowie für ihre Beständigkeit durch die Zeiten. Die Funktion der mythischen Daseinsinterpretation ist der Funktion geschichtlicher Traditionsbildung vergleichbar. Letztere verschafft dem Einmaligen und Vorübergehenden des geschichtlichen Augenblicks und Ereignisses Dauer und ermöglicht dadurch erst geschichtliche Existenz. Ähnliches bewirkt die Mythenbildung für die geschichtsübergreifenden Aspekte des menschlichen Lebens. Das nur vermeintlich zeitlose mythische Bewußtsein schafft Zusammenhänge, ermöglicht den Überblick über die chaotische Vielfalt gegenständlicher und personaler Phänomene der Welt. Ohne solche Strukturierung würde dem Menschen die Welt in zusammenhanglose Erscheinungen und sein Leben in punktuelle Ereignisse zerfallen. Die Identitätsbildung als ein kontinuierliches Bewußtsein von sich selbst wäre gefährdet oder sogar unmöglich. Die Strukturierung durch mythisches Denken kann daher als der Versuch einer Weltgestaltung begriffen werden, die zugleich die Voraussetzung dafür schafft, daß Welt und Mensch als geschichtlich veränderbar verstanden und tatsächlich durch geschichtliche Taten verändert werden. Der Mensch wird ja als das Wesen Mensch identifizierbar nicht durch geschichtliche Besonderheiten, sondern durch geschichtsübergreifende Konstanten. Diese Konstanten realisieren sich jedoch nicht in statischer, sondern dynamischer Form; das bezeugen nicht zuletzt mythische Symbole und Erzählungen.

Durch eine tiefenpsychologische Auslegung läßt sich die in Mythen kristallisierte symbolische Darstellung grundlegender Menschheitserfahrungen auch für ein kritisch-rationales Bewußtsein wieder zugänglich machen und deren Bedeutung für das Leben in unterschiedlichen geschichtlichen Zusammenhängen zeigen. Bei der Verarbeitung von typisch menschlichen Erfahrungen und Lebensprozessen, wie in Gen 2–3 z. B. der Geschlechtlichkeit des Menschen, werden weltweit ähnliche Bilder produziert, die urbildhaften

Charakter haben. Das Urbildliche beruht in der für jede Zeit gültigen normativen Kraft des in den Bildern sich aussprechenden Daseinsverständnisses bzw. des darin sich vollziehenden Lebens selbst. Die Bildwelt mythischer Überlieferungen stellt deshalb keine äußere Dramatik des Lebens dar, sondern bietet die psychische Innenansicht grundlegender Lebensprozesse. Sie zeigt den Stand und die Veränderung der menschlichen Bewußtseinsentwicklung an[24]. Bilder solcher Innen- oder Tiefenvorgänge können durchaus dazu benutzt werden, um äußere, z. B. gesellschaftliche Lebensverhältnisse zu legitimieren und zu stabilisieren. Denn durch Verschiebung und Uminterpretation kann der genuine Sinn der urbildlichen Motive zu einer anderen Aussage hin verändert werden, wie der Jahwist das auch in Gen 2–3 versucht. Zweifelhaft scheint mir jedoch zu sein, ob mythische Vorstellungen völlig entgegen ihrer Ursprungsbedeutung veränderbar sind. Die Macht der Urbilder stammt daher, daß sie in Menschen aller Zeiten und Kulturen unbewußt produziert werden. Manipulierte, das heißt dem kollektiven Unbewußten nicht kongruente Urbilder werden deshalb, wenn vielleicht auch erst nach längerer Zeit, als solche entlarvt werden. Ein Vorgang ähnlicher Art scheint sich gegenwärtig bei der Rezeption der Paradies- und Sündenfallgeschichte zu entwickeln mit dem Ablösen androzentrischer Übermalungen von der ursprünglichen urbildhaften Erzählsubstanz. Andererseits gewinnen mythische Erzählungen ihre Lebendigkeit aus der Korrespondenz zu vergleichbaren psychischen Prozessen bei den Hörern/ Lesern und Interpreten der verschiedensten Zeiten. Verstehen und Weitergestalten mythischer Erzählungen hängen daher legitim von dem jeweiligen Vorverständnis ab, von dem aus sie aufgefaßt werden, z. B. einem männlich oder weiblich orientierten Gen 2–3 gegenüber. Als Zurechtrücken eines einseitigen Vorverständnisses im Blick auf Gen 2–3 kann die tiefenpsychologische Sichtweise wirken.

2.2.3 Tiefenpsychologische Korrektur: Geschichte menschlichen Bewußtwerdens

Als mythischer Stoff in tiefenpsychologischer Auslegung ist die Paradies- und Sündenfallgeschichte Darstellung des Individuationsprozesses, und zwar in erster Linie phylogenetisch, analog dazu aber auch ontogenetisch; es wird ja nicht von einem individuellen Menschenpaar des Anfangs erzählt, sondern von der Gattung »Mensch«. Die Erzählung gibt eine Art von Wesensbeschreibung des Menschen, allerdings weniger von dessen Sein als vielmehr von seinem Werden. Im Bilde gesprochen, stellt Gen 2–3 das Drama des aus der Umklammerung durch die Natur, durch das psychisch Unbewußte, sich emporwindenden menschlichen Bewußtseins vor uns hin. Die sich auf der Objektebene abwickelnde Dramatik hat daher ihren Ursprung auf der Subjektebene. Vom Individuationsgeschehen werden in dieser Geschichte viele Facetten vorgezeigt, anders als z. B. in den Vätergeschichten der Genesis, die, weil an individuellen Personen ausgerichtet, mehr zur Eindimensionalität neigen. Von jeder der Facetten ausgehend, ließe sich Gen 2–3 als Ganzes interpretieren. Solche Facetten sind das Motiv von der Weltschöpfung, vom Garten in Eden, den Paradiesesströmen, vom Geschaffensein und von der Sterblichkeit des Menschen. Je nach Ansatz ergäben sich variierende Interpretationen, von denen jede zwar dieselbe grundlegende psychische Thematik spiegeln würde, aber mit jeweils stärkerer Beleuchtung auf einer der mannigfachen Seiten. Die am deutlichsten hervortretende Facette ist die Beziehung von Mann und Frau. In der uns überkommenen Fassung »letzter Hand« ist sie jedoch nur aus der männlichen Psychologie gesehen. Deswegen und wegen der einseitigen Wirkungsgeschichte dieses Aspektes soll Gen 2–3 hier als Anima-Erzählung interpretiert werden. Die andern Motive kommen insoweit zum Zuge, als sie auf das Problem der geschlechtlichen Differenzierung und deren Auswirkung auf den Selbstwerdungsprozeß einwirken.

Zuvor soll noch ein Blick auf die Rolle Gottes in dem Geschehen geworfen werden, weil diese von grundsätzlicher Bedeutung bei jedem Interpretationsansatz ist und weil sie an den Stellen, an denen Gott erscheint, je für sich nur schwer zu klären ist. In tiefenpsychologischer Deutung entspricht Gott der Archetypus des Selbst. Als das mächtigste Urbild wirkt der Archetypus auf den Menschen im Innersten ein und bleibt dessen Zugriff doch entzogen. Eine solche Macht kann nach mythischer Vorstellung nur göttlich, nach israelitischem Glauben nur Gott selber sein. In Gen 2–3 erscheint das Urbild als höchst ambivalentes Prinzip der Individuation. Seine Immanenz drückt sich aus im Verbot, Gut und Böse zu erkennen, nämlich bewußt zu werden; das ist die Tendenz, die den Menschen im Paradies festhalten will. Seine Transzendenz zeigt sich darin, daß es die Menschen hinaustreibt, also ihre Grenzen überschreiten läßt, ihnen die Aufgabe der Entwicklung stellt (Strafe) und sich selbst aus der paradiesischen Nähe in transzendente Ferne entzieht (versperrt den Zugang zum Baum des Lebens). Auf denselben Archetypus wird auch Suchen und Finden der weiblichen Ergänzung für den Mann zurückgeführt sowie die verhängnisvolle Entwicklung der Beziehung beider. Gott ist in Gen 2–3 ein widersprüchliches Wesen, anders als die christliche Gottesvorstellung ihn zu sehen gewohnt ist. Ob er im Rahmen des Individuationsgeschehens einen sinnvollen Platz einnimmt, wird sich bei der Interpretation zeigen.

2.2.4 Die Sache mit Eva

Die Erzählung weist drei Schwerpunkte des Anima-Problems aus männlicher Sicht auf, die an die drei Motive Erschaffung der Frau, Verführung, Strafe gebunden sind. Mit ihrer Hilfe läßt sich die komplexe Erzählstruktur auch in tiefenpsychologischer Sicht gliedern und durchschaubar machen. Deshalb soll die Interpretation von diesen drei Schwerpunkten geleitet werden[25].

2.2.4.1 Erschaffung der Frau

Die Erschaffung der Frau bildet zwar eine eigene Szene, ist ursprünglich vielleicht sogar unabhängig von den andern Motiven erzählt worden. Im vorliegenden Erzählzusammenhang ist sie aber fest eingebunden in das Motivgeflecht und bildet einen von den vorausgehenden Motiven vorbereiteten ersten Höhepunkt. Schon die Erschaffung der Erde (2, 4b–6) ist nicht um ihrer selbst willen, sondern auf die Entstehung des Menschen hin erzählt. Die Erde entsteht als fruchtbarer Ackerboden, als der »Mutterboden«, dem der Mensch entstammt: ›adam‹ wird gemacht aus der ›adamah‹ (2, 7); von seiner Herkunft her ist er eingebettet in die unbewußte Einheit mit der Natur. Hinter der Beschreibung zeigt sich das Urbild von der »Mutter Erde«, der Archetypus der »Großen Mutter«, der wohl in der ganzen Menschheit verbreitet ist. Wie der individuelle Mensch als Fötus und Säugling seinen Anfang aus der Symbiose mit der Mutter nimmt, so nimmt nach Gen 2 die Menschheit biologisch und psychisch ihren Ausgang aus der Alleinheit mit allem Seienden; von seinem Ursprung her ist der Mensch auch psychisch ein Stück Natur. Doch schon die Feststellung: »So wurde der Mensch zu einem lebendigen Wesen« (2, 7), hebt ihn ab von der Natur; sobald von ›adam‹, dem Menschen, gesprochen werden kann, ist er keimhaft schon etwas anderes als Natur. Da Gott, das Individuationsprinzip, den Menschen formt, ist schon mit dem Erscheinen des Menschen in der Welt der Impuls bzw. geradezu der Zwang zur eigenständigen Entwicklung gesetzt.

Zunächst wird jedoch der gewissermaßen noch bewußtlose Urzustand des Menschen beschrieben. Der archaische, als spezifisch menschlicher noch unentwickelte Zustand wird als paradiesische Harmonie dargestellt, in der das Leben ewig ist, ohne Werden und Vergehen, bloßes Da-Sein ohne Geschichte. Der Mensch ruht psychisch noch im Unbewußten – der Osten, in dem der Garten angelegt ist, ist häufig geographisches Bild für den Grenzbereich zwischen Unbewußtem und Bewußtwerden[26]; wie die Sonne im Osten geht aus dem Unbewußten das Bewußtwerden auf. Das paradiesisch-unbewußte Sich-selbst-Genügen ist auch in dem Bild vom Strom enthalten, der im Garten in Eden entspringt und sich in vier Arme teilt (2, 10–14); es ist ein Mandala, ein Bild des zum Selbst gewordenen Menschen, mit der Vierzahl als dem Zeichen der Vollendung. Dieses Symbol, welches das Ziel des Individuationsprozesses enthält, steht mitten im Land des Unbewußten, weist mit seinen vier Strömen aus diesem hinaus den Weg in die Unterscheidungen des Bewußtseins. Im Unbewußten ist somit die durch Bewußtwerden zu erlangende Ganzheit schon vorgebildet, sie ist aber nicht zu verwechseln mit der noch völlig ungeschiedenen Alleinheit des unbewußten Ursprungs.

Das nach der Erschaffung der Erde und dem Garten zweite Motiv, das der Benennung der Tiere (2, 1–20), markiert den ersten Schritt des Menschen zum Bewußtwerden. Wie der Mensch, so werden auch die Tiere »lebendige Wesen« genannt, der Mensch ist ihnen ganz nahe verwandt, sie sind die tierische Natur des Menschen. Der Begriff muß hier aber ohne den negativen Nebenton gehört werden, den er in unserem Sprachgebrauch hat; negativ ist die tierische Natur des Menschen nur dort, wo das Bewußtsein nicht wahrhaben will, daß es auf ihr aufruht, sie deshalb unterdrückt und dadurch erst gefährlich macht. Der Paradiesesmensch macht es anders; er nimmt die vielfältigen Möglichkeiten seiner tierischen Natur einzeln in den Blick und benennt sie; er macht sie sich bewußt und vermenschlicht sie so; sie werden mit den Namen, die er ihnen gibt, Teil seines bewußten Lebens. Die Szene erinnert an Märchen, in denen der Held, der Individuationsaufgaben zu lösen hat, oft in Tieren hilfreiche Kräfte findet; sie können als psychische Vitalfunktionen verstanden werden.

Die tierische Natur ist nach der Paradieseserzählung

allerdings nicht das, was den Menschen zum Menschen macht. Bis dahin erscheint ›adam‹ noch als der Urmensch ohne geschlechtliche Prägung. Voll Mensch ist er erst als Geschlechtswesen; um das zu werden, muß er profiliertere psychische Strukturen ausbilden. Der nächste Schritt dazu geschieht mit der Erschaffung der Frau (2, 21–25). Da diese Szene auf der Objektebene meiner Meinung nach keinen rechten Sinn ergibt – die Frau entsteht nicht aus dem Mann –, scheint hier ein tiefenpsychologisches Verständnis nicht nur bereichernd, sondern unerläßlich zu sein. Zunächst schimmert in dem Bild die bei archaischen Völkern verbreitete mythische Vorstellung vom anfänglich androgynen Menschen durch, von der Zweigeschlechtlichkeit des einen Menschen, eine Vorstellung, die für den biblischen paradiesischen Menschen mindestens nicht direkt ausgeschlossen ist. Der tiefere Sinn der Erschaffung der Frau aus dem Mann liegt aber wohl darin, daß ›adam‹ seiner inneren Anima ansichtig wird und so ein männlicher Mensch wird. Der Tiefschlaf, in den ›adam‹ fällt, ist wie das Hinabtauchen in die tiefsten Tiefen der Psyche. Aus der tiefsten, der kollektiven Schicht des Unbewußten wird durch den Antrieb zur Selbst-Werdung die weibliche Seite des Mannes heraufgeholt; sie wird ›regelrecht aus der Tiefenpsyche herausoperiert und ins Licht des Bewußtseins gestellt.Das drastische Bild von der Rippe könnte darauf hinweisen, daß dieses Bewußtwerden ein schmerzhafter Prozeß ist. Etwas Eigenes des Mannes tritt jetzt in Spannung zu ihm, eine schöpferische Spannung, aus der immer wieder neue Männlichkeit hervorgeht, wie in Gen 4, 1–2 mit der Zeugung und Geburt der Söhne beschrieben; die psychische Polarität des Menschen wird fruchtbar. Daß durch das Bewußtwerden der inneren Anima der Mann zu sich selbst kommt, hat sich in dem begeisterten Ausruf ›adams‹ über sein Gegenüber niedergeschlagen. Bei der hier angewandten Methode ist es auch keine männliche Überheblichkeit, wenn gesagt wird, die Frau sei vom Mann genommen. Vielmehr drückt die Szene von der Erschaffung der Frau und dem Jubel des Mannes über sie eine Wahrheit vom Menschen aus, die durch die patriarchale Nachgeschichte weitgehend verlorengegangen, von der jüngeren Generation aber wiederentdeckt wird: daß der Mann nur dann im Vollsinn Mensch wird, wenn er die ihm auch gegebenen weiblichen Fähigkeiten verwirklicht. In der bildhaften Darstellung von Gen 2 sieht das so aus, daß durch Scheidung von der unbewußten Psyche die Unterscheidung der beiden Pole männlich-weiblich in der bewußten Psyche möglich wird. Am Ende der Paradiesesgeschichte ist die Anima des Mannes aber noch nicht voll als eigenständige psychische Funktion in Kraft gesetzt; denn Scham, als Sich-in-Frage-gestellt-Fühlen angesichts einer anderen geschlechtlichen Möglichkeit als der eigenen, gibt es noch nicht. Sich an seine aus dem dumpfen Unbewußten heraus entwickelte Anima zu binden bedeutet für den Mann, erwachsen zu werden; dazu muß er die mütterliche Ursprungseinheit verlassen; solange der Mann der »Großen Mutter« verbunden bleibt, kann er seine Anima nicht finden. Das gilt sowohl auf der Subjekt- als auch auf der Objektebene; für letztere bieten Partnerschaften und Ehen das Anschauungsmaterial. Daß im Text gesagt wird, der Mann verläßt *Vater* und Mutter, muß an dieser Stelle wohl tatsächlich auf eine patriarchalische Veränderung der Urbilder zurückgeführt werden; denn es ergibt weder auf der Objekt- noch auf der Subjektebene einen Sinn[27].

2.2.4.2 Verführung durch die Frau

Die Sündenfallgeschichte hat den Sinn, den Menschen aus dem Paradies zu treiben. Was als unerwartete Folge erzählt wird, die Vertreibung, ist in Wirklichkeit der geheime Motor des Geschehens. In tiefenpsychologischer Sicht sagt der Sündenfall nichts über einen moralischen Tatbestand aus, sondern etwas über einen ontischen. Durch den Sündenfall wird der Mensch erst zu einem ethisch handelnden Wesen.

Es geht dabei um eine weitere Ausdifferenzierung von psychisch Unbewußtem und dessen Anbindung ans Bewußtsein. Und das ist gleichbedeutend mit der Entwicklung spezifisch menschlicher Eigenschaften, dem bewußten Unterscheiden- und Wählenkönnen. Zu deren Realisierung bedarf es aber der Freiheit; und sie kann der Mensch nur finden, indem er sich aus der Symbiose mit »Mutter Natur« mehr und mehr löst; der Sündenfall ist sogar der große Sprung aus deren Umklammerung hinaus, mit dem Wunsch nach vollkommener Autonomie – wie Gott werden wollen. Der Vorgang ist durchaus so ambivalent, wie die Geschichte ihn darstellt. Es geht dabei um die Frage, ob der Mensch bei dem Versuch, immer weitere Bereiche des Unbewußten in seine bewußte Existenz zu integrieren, sich selbst findet oder sich verfehlt.

So wie das Finden der Anima durch den bewußt werdenden Mangel eines Gegenübers eingeleitet wurde, so wird das Verlassen des Paradieses eines unbewußten Lebens angestoßen durch den von einem Baum gespiegelten Mangel an Erkenntnis, das heißt an Fähigkeit zum bewußteren Leben. Wir stellen uns das Paradies meist als den Zustand vollkommener Erfüllung und vollkommenen Glücks vor. Nach Gen 2–3 ist es das nicht; denn aus diesem Zustand selbst entsteht der Drang zu dessen Änderung. Der Mensch wird hier offenbar als das Wesen gesehen, das den Zustand psychischen Stillstands nicht erträgt, auch wenn er noch so selig in sich selbst ist.

Die Begrenztheit des paradiesischen Bewußtseinsstandes wird von der Anima wahrgenommen; sie hat in der Sündenfallszene eindeutig die Führung inne; daraus folgt, daß der Mann zu größerer Bewußtheit durch seine Anima gelangt, daß er höhere Erkenntnis ohne wenigstens den Versuch, seine Anima zu integrieren, nicht erreichen wird. Beim Herauswinden aus dem mütterlichen Gebundensein helfen ihm Logos-Fähigkeiten, das heißt die des Kopfes, wenig. Dazu braucht er die Neugier seiner Anima auf

Unbekanntes, ihre Leichtigkeit, sich über Grenzen hinweg-
zusetzen, ihren Wunsch, gebotene Möglichkeiten auszupro-
bieren, auch wenn das ein hohes Risiko einschließt, vor allem
aber ihre Begeisterungsfähigkeit; dies alles findet sich in der
Verführungsszene. Die Anima als der weibliche Pol der
männlichen Psyche erweist sich als die Kraft des Fortschritts.
Sie setzt Neues, noch nicht Gedachtes und Erfahrenes in
Gang, sie veranlaßt den Mann, seine Grenzen auszuweiten.
Ohne ihre Energie bliebe der Mensch im Paradies des
Unbewußten sitzen und würde seine Menschwerdung
verschlafen. So gesehen ist die Anima die Hilfe zum
Menschsein des Mannes (2, 18. 20). Wie sehr die Verführung
des Mannes, sich zu menschlicher Autonomie zu entwickeln,
von der tief unbewußten, aber schöpferischen Psyche
ausgeht, zeigt die enge Verbindung seiner Anima zur
Schlange.

Symbolgeschichtlich ist die Schlange am meisten bekannt
als phallisches Symbol in ihrer aufgerichteten, mit dem
verdickten Kopfende zustoßenden oder drohenden Form.
Auch in der Ikonographie der Sündenfallgeschichte erscheint
die Schlange vielfach in phallischer Bedeutung, aufgerichtet
um den Baum gewunden. Hier könnte ein männliches
Mißverständnis der Mythologie des Sündenfalls vorliegen.
Denn der Text scheint in dem Punkt unmißverständlich zu
sein, daß ›adam‹ nicht durch eine männliche psychische
Potenz verführt wird, sondern durch die schon bewußt
gewordene, aber der Schlange noch eng verbundene Anima.
Insofern scheint mir die Hauptbedeutung der Schlange in der
Sündenfallgeschichte die uroborische zu sein, im Bilde
vorzustellen als die runde Form, die sich in den Schwanz
beißende Schlange[28]. Sie verkörpert ein älteres Bewußtseinsstadium als das phallische Symbol. In der runden Form ist
sie die weibliche Urmacht. Psychisch bezeichnet sie den
Zustand, der noch vor der Differenzierung in weiblich-
männliche Polarität liegt. Das Schlangensymbol, das wohl in
allen Kulturen vorkommt[29], ist von daher eins der

mächtigsten Urbilder des kollektiven, das heißt des Menschheits-Unbewußten der menschlichen Psyche. Aus der entwickelteren Bewußtseinsposition betrachtet, birgt das Symbol des Uroboros auch das vom Weiblichen noch ununterschiedene Männliche in sich. Das ist die Voraussetzung für die phallische Bedeutung des Schlangensymbols in einem späteren Bewußtseinsstadium, wie es dann in der Feindschaft zwischen der Frau und der Schlange abgebildet ist (3, 15). In der Verführungsszene aber steht die Funktion des Hervorbringens und Verschlingens im Vordergrund, die symbolisch nur als weibliches Urphänomen gelten kann, wie »Mutter Erde« oder die »Große Mutter«. Die weibliche Seite des Mannes steht diesem Prinzip natürlich viel näher als seine Männlichkeit. Deshalb ist es folgerichtig dargestellt, daß der Mann vom Symbol der Schlange über seine Anima angestachelt wird, sich einen neuen, noch ganz unbekannten Bewußtseinsbereich zu erobern, ihn sich einzuverleiben im Essen; es ist die Fähigkeit, selbständig beurteilen zu können, was für den Menschen gut oder böse ist. Dies wird offensichtlich als eine ausgesprochene Animafähigkeit des Mannes verstanden, ausgedrückt auch im Gebrauch desselben Begriffs »Erkenntnis« für die Erweiterung der Bewußtseinsfähigkeiten (3, 5) und für die sexuelle Begegnung mit der Frau (4, 1). In beiden Bereichen gibt es für den Mann kein neues Leben ohne die Frau und deren innerpsychisches Urbild, die Anima.

An dieser Stelle kann verständlich werden, daß bei dem der mythischen Aussage angemessenen tiefenpsychologischen Verständnis in der Sündenfallgeschichte nur die Frau Verführerin des Mannes sein kann; allerdings ist sie es gerade nicht zum Bösen, sondern zu den eigentlich menschlichen Fähigkeiten des Mannes. Die Umdeutung ins Negative in der Auslegungsgeschichte und vielleicht schon beim Jahwisten kann bei tiefenpsychologischer Beurteilung mit der männlichen Unfähigkeit erklärt werden, die Anima wirklich ins eigene Bewußtsein zu integrieren, ein Mangel, der patriarchalischen Gesellschaften ›per definitionem‹ anzuhaften scheint.

Die Erzählung vom Sündenfall selbst zeigt die Anima-Aktivität des Mannes in einem zwiespältigen und dadurch gefährlichen Stadium. Der Mann hat zwar seine innere Anima entdeckt und sie im Bilde nach draußen gestellt, sie projiziert, um sie besser als Fleisch von seinem Fleisch (2, 23) erkennen zu können; denn Psychisches als das Subjektivste am Menschen kann nur wahrgenommen werden, wenn es in Distanz gebracht wird. ›Adam‹ hat die projizierte Anima aber nicht als eine psychische Funktion von ihm zurückgeholt; nur so hätte sie eine eindeutig konstruktive Fähigkeit in seinem Bewußtsein werden können. Trotz der aufgeblitzten Erkenntnis, sie ist »Bein von meinem Bein« (2, 23), erweist sich ›adam‹ als unfähig, dieses Weibliche in sich ganz Mensch werden zu lassen. Die Anima der Sündenfallgeschichte hat nämlich noch archaisch-primitive Züge, die aus ihrem Einssein mit der Schlange, aus dem der Mann sie noch nicht hat erlösen können, herrühren. Die Anima verfällt der verfälschenden Verlockung durch das Unbewußte: sie übertreibt die Erfahrung von der Enge des paradiesischen Bewußtseinsstandes (3, 1: »Ihr dürft von *keinem* Baum essen«) und muß deshalb zunächst das beängstigende Überschreiten der Grenzen abwehren (3, 3: »Daran dürft ihr nicht [einmal] rühren«); sie verlangt nach einer illusionär übersteigerten Autonomie (3, 5: »ihr werdet wie Gott«); Gott im archetypischen Bild des Selbst hat zwar durch das Verbot selbst den Impuls zum Überschreiten der Grenzen gesetzt, nach dem Prinzip, daß nur dort, wo Grenzen bewußt werden, sie auch zum Überschreiten reizen können; aber das Ziel der göttlichen Autonomie, der vollendeten Selbstwerdung, liegt jenseits innerweltlichen Menschseins. Des Mannes Versuch, es durch seine Anima im direkten Zugriff zu verwirklichen, muß fehlschlagen; denn Individuation geschieht nur im mühseligen Durchschreiten der verschiedenen Entwicklungsstadien. Es zeigt sich hier die verschlingende Seite des Uroboros-Symbols: Die dem Bewußtsein des Mannes schon nahe Anima wird von unbewußten Energien überschwemmt in der Allmachtphantasie, göttliches Bewußtsein erlangen zu können. Darin liegt tatsächlich eine Verfehlung des Menschen; sie besteht in der Weigerung, Menschsein als unvollkommenes, als Mangeldasein zu leben, das in menschlicher Lebenszeit sich seiner Vollendung nähern, sie aber nicht erreichen kann. Die Bibel zeigt hier ein typisches Phänomen psychischer Entwicklung, nämlich die Inflation eines noch nicht sehr fest gegründeten Bewußtseins durch Unbewußtes. ›Adam‹ gibt sich darin als ein noch nicht erwachsener Mann zu erkennen, den die Urmutter durch die Affinität seiner Anima zum Unbewußten noch immer umschlungen hält. Seine Reaktion auf das Geschehene wird auch wie die eines dummen Jungen, der noch keine Verantwortung übernimmt oder übernehmen kann, beschrieben. Dem Anspruch der Individuation, was konkret heißen würde, seine Anima ganz ins Bewußtsein zu integrieren, entzieht er sich (3, 10: er verkriecht sich vor Gott im Garten); er spaltet seine weibliche Seite von seinem Bewußtsein ab (3, 12: er schiebt der Frau die Verantwortung zu); er wird zum Unterdrücker der Anima (3, 16: er herrscht über die Frau).

Der Sturz des Mannes ist entsprechend dem gigantischen Aufschwung tief, aber heilsam. Es war notwendig für ihn, die paradiesischen Gesetze zu übertreten, sonst könnte er nicht er selbst werden. Aber mit der Erkenntnis über sich selbst und sein Leben wird dem Menschen auch die Not des Menschseins bewußt. Als erstes gehen ihm die Augen auf über sein wahres Wesen; er sieht sich ohne Bemäntelung, nackt (3, 7), als schwaches Naturwesen, das aber nicht mehr in der Natur geborgen ist. Man könnte wohl sagen: Je mehr der Mensch sich seiner selbst bewußt wird, je mehr Bewußtheit er entwickelt, desto stärker tritt auch sein Zusammengehören mit der Natur und seine Abhängigkeit von ihr in sein Bewußtsein. Der Mensch bedarf daher einer kulturellen Kompensation, damit er nicht völlig preisgegeben ist (3, 7. 21: er braucht Kleider). Diese Erkenntnis hat tiefgreifende Folgen für das Selbst- und Weltverständnis des Menschen sowie für seine menschliche Entwicklung. Davon erzählt die Geschichte im Zusammenhang mit der Strafe für die Sünde.

2.2.4.3 Strafe über Mann und Frau

Die Strafe ist, wie aus den bisherigen Überlegungen wohl deutlich wird, nicht zu verstehen als von außen verhängt; sie bezeichnet vielmehr die unvermeidlichen Folgen der in Gang gekommenen Bewußtwerdung des Menschen. Bleiben wir beim Verständnis des erzählten Geschehens als einer innerpsychischen Ausdifferenzierung, dann werden die Folgen für alle beteiligten Bereiche konkretisiert, zunächst für den psychischen Schlangenbereich (3, 14–15). Die Schlange und der Ackerboden werden verflucht (3, 14. 17); die Schlange wird hier als ein Teil der Erde gesehen (3, 14b: sie kriecht auf dem Bauch und frißt Staub). Die »Mutter Erde«, psychisch: das Meer des Unbewußten, beides zusammen: die uranfängliche Natur, aus der der Mensch in einzigartiger Weise unter allem Seienden mit seinem Bewußtsein von dieser Natur und von sich selbst emporgetaucht ist, verfällt dem Fluch. Das heißt, nachdem die vorbewußte und vorgeschlechtliche Ureinheit alles Seienden durch das Bewußtwerden des Menschen zerstört ist, wird die unbewußte Natur zum erbittertsten Feind des Menschengeschlechtes, aller Generationen (3, 15). Der Mensch verdrängt sie in die weiteste Ferne von seinem Bewußtsein, kann sie dieses doch als seine eigentlich menschliche Errungenschaft jederzeit wieder an sich reißen. Aber gerade deswegen, weil der Mensch die unbewußte Natur nicht in sein bewußtes Leben aufzunehmen vermag, bleibt er in dauerndem Kampf an sie gekettet. Dennoch wird der Mensch der Urmutter, der Erde, im Tod wieder anheimfallen (3, 19); es scheint, als bringe der Lebenskampf dem Menschen keinen Fortschritt in der Entfaltung seiner Fähigkeiten ein. Auf der Objektebene schlägt hier wohl die pessimistische Weltsicht des Jahwisten durch, die auch sonst in seinem Werk zu finden ist. Auf der Subjektebene aber ist die Aussage mindestens zweigesichtig. Einerseits kann sie auch da im Sinne einer Regression des menschlichen Bewußtseins in den unbewußten Urzustand aufgefaßt werden; dann würden aber alle Individuations-Anstrengungen und -Fortschritte, auf die die ganze Komposition des Textes abzielt, vom Ende her als nutzlos beurteilt, und das ergäbe keinen Sinn für das Erzählen und Überliefern einer solchen Geschichte. Deshalb dürfte die negative Deutung unwahrscheinlich sein. Andererseits kann die Wiedervereinigung des menschlichen Bewußtseins mit seinen unbewußten Ursprüngen als eine Vereinigung auf höherer Individuationsebene verstanden werden, steht der Satz von der Rückkehr zur Erde doch nach der Beschreibung des Individuationsweges. Doch wird diese Stelle auch bei tiefenpsychologischer Interpretation vage bleiben.

Der zweite Bereich, in dem sich die Folgen des Bewußtwerdens zeigen, ist der weibliche, die Strafe über die Frau (3, 15–16). Da auch hier wie in der ganzen Erzählung Subjekt des Geschehens der männliche Mensch ist, geht es dabei um das Schicksal der psychischen Weiblichkeit des Mannes. Sie bleibt die Lebenskraft für den Mann, neues Leben gebiert nur sie ihm; das heißt, ohne die Beziehung zu seiner Anima kann der Mann sich keine neuen Bewußtseinshorizonte auftun. Interessanterweise wird aber nun gesagt, daß die Frau die Beziehung zum Mann sucht, obwohl ihr dieses Verlangen nur Schmerzen einbringt. In diesem Bild ist die widersprüchliche Situation des Mannes mit seiner nicht integrierten Anima gezeichnet. Die Anima-Seite des Mannes ist gesehen als die Kraft in ihm, die nach ganzheitlichem, männlich-weiblich ausbalanciertem Menschsein verlangt, nur so kann sie fruchtbar werden. Solange der Mann sie ins

Unbewußte abdrängt, über sie herrscht, statt sich in menschliche Beziehung zu ihr zu setzen, wird der Geschlechterkampf nicht nur in der äußeren Lebensrealität toben, sondern auch in der Psyche des Mannes. Die Anima wird aus dem Unbewußten heraus so lange das männliche Bewußtsein bedrängen – die Frau verlangt nach dem Mann –, bis sie als gleichberechtigte Kraft mit einem bewußten Animus mitleben kann. Dieses reife Stadium männlicher Individuation, das gekennzeichnet wäre von einem spannungsvollen Miteinander statt einem zerstörerischen Gegeneinander, kennt die biblische Erzählung nicht. In einer patriarchalischen, die Frau unterdrückenden Gesellschaft ging den Männern, die den Erzählstoff gestalteten und tradierten, vermutlich die Fähigkeit zur Imagination eines ganzen männlichen Menschseins ab. Wie die Geschichte es selbst darstellt, werden die Bilder von neuen Lebensmöglichkeiten von der weiblichen Psyche imaginiert; wird diese vom Mann unterdrückt, so schneidet er sich selbst von den Bildern des Lebens ab.

Die vom Mann zwar erkannte, aber nicht integrierte Anima bleibt, wie der Text es darstellt, dem Schlangenbereich zugeordnet, wenn auch mit der Tendenz, sich aus dieser tiefen Schicht des Unbewußten zu befreien (3, 15). Solange die Anima in dem Zustand festgehalten wird, muß die Menschheit – der ganze Nachwuchs der Frau ist davon betroffen – ihre Kraft in den Kampf gegen die unbewußte Natur stecken. Dabei wird der Mensch immer wieder im Fortschreiten zu sich selbst von seiner Schlangennatur gehemmt – die Schlange verletzt am Fuß –, wenngleich die Schlange in ihrem phallisch erobernden Teil, dem Kopf, vom Menschen getroffen wird, so daß er sich der verführerischen Faszination, ins Schlangenhafte zurückzufallen, entwinden kann. Doch ist es ein nie endendes Ringen, das nur dann dem menschlichen Fortschritt dient, wenn die Anima des Mannes nicht mit der Schlange identifiziert bleibt.

Als dritter Bereich ist der des psychisch Männlichen von

den Folgen des Bewußtwerdens betroffen (3, 17–19). Im wesentlichen bestehen die Folgen hier in der immerwährenden Auseinandersetzung des Mannes mit dem mütterlichen Unbewußten, das zwar der Nährboden seines Bewußtseins ist, dem er aber nur mit größter Mühe seine Menschwerdung abringen kann – im Schweiße seines Angesichts. Das ungestaltete, chaotische Unbewußte widerstrebt der Anverwandlung an Menschliches und ersinnt immer neue Widerstände dagegen – Dornen und Disteln. Im Bild des den unfruchtbaren Ackerboden bearbeitenden Mannes, das den Beruf des Bauern mit abdeckt, überschneiden sich recht deutlich Objekt- und Subjektebene: die Aufgabe zur Individuation erweist sich als Kultivierungsarbeit an der Welt draußen und an der psychischen Welt. Da die Erzählung vorrangig Wirklichkeit im Symbol darstellt, erscheint der Ertrag der äußeren Kultivierung als abhängig von der inneren; das heißt aber: um eine menschengemäße äußere Welt zu schaffen, muß der Mann der »Mutter Erde«, die ihn unmündig halten will, seine Anima als Partnerin abringen. Nur so kann er selbst zu einem vollständigen Menschen und seine Welt zu einer *menschlichen* Welt werden. Dieser letzte Aspekt ist der Erzählung so allerdings nicht mehr zu entnehmen. Er kommt wohl deshalb nicht mehr vor, weil männliches Menschsein noch als ein unintegriertes Menschsein dargestellt ist. Der Individuationsprozeß wird in einem steckengebliebenen Stadium abgebildet, in dem die Kulturarbeit als einseitig männliches Abrackern erscheint, als Abbild der zwar projizierten, aber noch nicht voll ins Bewußtsein aufgenommenen Anima, der veräußerten und deshalb bekämpften weiblichen Lebenskräfte. Hier wäre es interessant, die tiefenpsychologische Methode auf die sozialpsychologische Entwicklung anzuwenden und der Frage nachzugehen, ob die westliche Zivilisation nicht von der jüdisch-christlich inspirierten, steckengebliebenen männlichen Individuation aus verstanden werden könnte. Unsere Zivilisation zeigt in der Verbissenheit wissenschaftlichtechnischer Durchorganisierung des Lebens und deren katastrophalen Folgen Züge einer unfertigen Animus-Ausprägung. Und der Mensch scheint wie dazu verdammt, das Lebenkönnen durch ständige Leistung erringen zu müssen, statt – was die Auswirkung einer Anima-Integration wäre – auch (da-)sein zu können. In der dem Mann in Gen 3 auferlegten Sisyphusarbeit scheint dieser Aspekt der westlichen Zivilisation vorgebildet zu sein. Solche Überlegungen führen jedoch über die Genesiserzählung hinaus.

Der Schluß in Gen 3, 22–24 unterstreicht dann eigentlich nur noch das Ergebnis des geschilderten Aufbruchs des Menschen aus der »Bewußtlosigkeit« paradiesischen Daseins in ein bewußtes, spezifisch menschliches Leben. Die völlige Regression in den Anfangszustand bleibt verwehrt. Der dem Menschen gewissermaßen eingeborene Individuationsdrang bewahrt ihn vor der Rückkehr ins Paradies des unbewußten Lebens – Gott läßt den Garten bewachen. Der Preis, den der Mensch für seine Menschwerdung entrichten muß, ist die Mühsal einer psychisch gespaltenen, geschichtlich-endlichen Existenz – den Baum ewigen Lebens gibt es wohl im Paradies; er gehört aber dem göttlichen Selbst, zu dem der Mensch sich außerhalb des Paradieses zwar aufgemacht hat, mit dem er aber in seiner geschichtlich-gebrochenen Existenz sich nicht vereinigen kann. Ob der Mensch und sein göttliches Selbst jenseits von Eden sich in einer bewußten Einheit wieder finden können, ist eine Frage, die das Jenseits der Geschichte betrifft. Sie wird in Gen 2–3 weder beantwortet noch gestellt.

2.2.5 Überwindung des einseitigen Verstehens von Genesis 2–3

Mit einer tiefenpsychologischen Interpretation wie der vorgelegten läßt sich für die mythische Erzählung der Paradies- und Sündenfallgeschichte, wie ich meine, zeigen, daß der Stoff zwar einseitig aus männlicher Psychologie dargestellt und mit androzentrischen Akzenten versehen ist, daß er aber keineswegs einseitiges Menschsein propagiert. Er muß bzw. darf deshalb auch nicht einseitig männlich oder weiblich ausgelegt werden. Für die lange männliche Auslegungsgeschichte ist das heute relativ leicht einzusehen, ist in ihr doch deutlich die Sache mit Eva *gegen* weibliches Menschsein verwendet worden. Auch daß sogar in der jahwistisch überarbeiteten Form Züge einer ursprünglich matriarchalen Prägung des Stoffes erhalten geblieben sind und wieder hervorgeholt werden müssen, wie die feministische Theologie das erkannt hat, kann den einäugig männlichen Blick auf den Text korrigieren. Mit der Entdeckung der matriarchalen Herkunft stellt sich aber erneut das Problem eines einseitigen Verständnisses. Gen 2–3 als einen Text mit einem matriarchalen Menschenverständnis zu lesen scheint mir ebenso verfehlt zu sein wie der allein patriarchale Aspekt.

Mythische Urbilder machen im Tradieren einen Entwicklungsprozeß durch und zeigen darin den Bewußtseinsstand der jeweiligen Erzählgemeinschaft an. Eine patriarchale Übermalung ursprünglich matriarchaler Motive, wie sie in Gen 2–3 festzustellen ist, zeigt die Fortentwicklung vom matriarchalen Bewußtseinsstatus an. Mir scheint die Geschichte den Stand der Bewußtseinsentwicklung widerzuspiegeln, wie er in einer patriarchalischen Gesellschaft kollektiv erreicht ist; und das ist, wie ich zu zeigen versucht habe, eine unvollständige. Sie scheint aber in der Geschichte der menschlichen Bewußtseinsentwicklung eine notwendige, nicht zu überspringende Stufe zu sein. Daß in dieser Phase unterdrücktes Frausein durch minderentwickeltes Mannsein vorherrscht, kann nicht durch Rückkehr auf die matriarchale Bewußtseinsstufe gebessert werden. Mit der Parole »Zurück zu den Müttern« die Herrschaft der Väter/Männer abschütteln zu wollen, scheint mir wie den Teufel mit Beelzebul auszutreiben, da die Vorherrschaft der mütterlichen Urbilder, die zur Wiederherstellung der unbewußten

Ursprungseinheit tendieren, dem Menschsein des Menschen ebensowenig zuträglich ist. Weder die Akzentuierung der mütterlich-weiblichen noch die der väterlich-männlichen Psyche je für sich können den vollständigen, den ganzen Menschen hervorbringen. Eine einseitig matriarchale Auslegung von Gen 2–3 halte ich deswegen für ebenso verfehlt wie die bloß männliche. Die Geschichte begegnet uns heute in einer Form, bei der nur die Möglichkeit bleibt, das erzählerische Defizit im Hinblick auf die Vollständigkeit des Individuationsprozesses durch Ergänzen aus unserer heutigen Erkenntnis von den Stadien menschlicher Bewußtseinsentwicklung aufzufüllen. Da die mythengestaltende Erzählkunst im kritisch-rationalen Zeitalter höchstens noch bei Kindern und Künstlern zu finden ist, wird im theologischen Bereich die Ergänzung wohl nur durch Interpretation möglich sein. Sie ist gewiß eine ebenso schwierige Aufgabe wie die bisherige einseitige Auslegung.

Der tiefenpsychologische Zugang macht darüber hinaus meines Erachtens noch etwas anderes deutlich. Die Geschichte kann zwar psychisch einseitig überarbeitet und ausgelegt werden, aber ihr mythischer Stoff scheint keineswegs einseitig zu sein, wie die durchgeführte Interpretation – hoffentlich – erkennen läßt. Mythisches lebt aus der Macht der Urbilder, dem kollektiven Material der menschlichen Psyche. Da der Individuationsprozeß von den Urbildern angetrieben und geleitet wird – jeder Mensch hat z. B. Vorstellungen, Entwürfe von seinem Leben und der Welt –, und diese in den Erzählgemeinschaften alter Völker durch kollektive Rezeption eine allgemeine Gültigkeit erlangten, mußten die mythischen Erzählungen den Grundgesetzen der menschlichen Psyche entsprechen; nur wenn sie dies taten, hatten die Bilder der Selbstwerdung die Chance, von einer großen Gruppe akzeptiert und Bestandteil von deren Traditionen zu werden. Mythische Erzählungen können so etwas wie die anthropologische Richtigkeit der Urbilder verbürgen, auch wenn dies an der

Oberfläche, wie bei Gen 2–3, gar nicht so erscheint. An uns ist es dann, sie in den Tiefenstrukturen des Erzählten aufzudecken.

2.3 Die Ehebrecherin – Johannes 8

Johannes 8, 1–11

Jesus ging zum Ölberg. 2 Am frühen Morgen kam er wieder in den Tempel; als das ganze Volk zu ihm kam, setzte er sich und lehrte es. 3 Da brachten die Schriftgelehrten und Pharisäer eine Frau, die beim Ehebruch ertappt worden war. Sie stellten die Frau in die Mitte 4 und sagten zu ihm: Meister, diese Frau wurde beim Ehebruch auf frischer Tat ertappt. 5 Mose hat im Gesetz befohlen, solche Frauen zu steinigen; was sagst du dazu? 6 Mit dieser Frage wollten sie ihn auf die Probe stellen, damit sie einen Grund hätten, ihn zu verklagen. Jesus aber bückte sich und schrieb mit dem Finger auf die Erde. 7 Als sie nicht aufhörten, ihn zu fragen, richtete er sich auf und sagte zu ihnen: Wer von euch ohne Sünde ist, werfe als erster einen Stein auf sie! 8 Und er bückte sich wieder und schrieb auf die Erde. 9 Als sie seine Worte hörten, gingen alle nacheinander fort, zuerst die ältesten; Jesus blieb allein zurück mit der Frau, die in der Mitte stand. 10 Er richtete sich auf und sagte zu ihr: Frau, wo sind sie? Hat dich keiner verurteilt? 11 Sie antwortete: Keiner, Herr! Da sagte Jesus zu ihr: Auch ich verurteile dich nicht. Geh und sündige von jetzt an nicht mehr!

Der Text ist ein Beispiel für eine der nicht gerade zahlreichen Frauenperikopen im Neuen Testament; allerdings spielt die Frau darin als Ehebrecherin eine Art negativer Hauptrolle. Doch nimmt andererseits Jesus Stellung zugunsten der Frau und indirekt gegen die Männer und ihre im Gesetzesformalismus erstarrte, selbstgerechte Religion. Vielleicht haben diese Aspekte unbewußt an der aufschlußreichen exegetischen Beurteilung der Perikope mitgewirkt. Weil sie nicht in allen Handschriften steht, zum Teil an anderer Stelle im Johannesevangelium vorkommt und ihr Stil für synoptisch gilt, wird sie gern als sekundär bezeichnet, das heißt als erst später ins Johannesevangelium gelangt, was Zweifel an ihrer historischen Echtheit einschließt. In der exegetischen Literatur wird sie zum Teil ausgeschieden, manchmal sogar ohne Angabe von Gründen, oder kurz im Anhang behandelt[30]. Wegen ihres Stils wird sie von anderen Autoren aber gerade als jesuanisch, das heißt als historisch echt beurteilt.

So beiläufig die Erzählung in der Exegese abgetan wird, so interessant ist sie in tiefenpsychologischer Hinsicht. Es ist nämlich einer der ganz wenigen Texte in der Bibel überhaupt, in dem das Animusproblem der Frau direkt behandelt wird; natürlich ist es auch hier aus der Sicht von Männern dargestellt, aber in erstaunlicher Treffsicherheit sowohl für die Rolle, die der Mann in einer androzentrischen Welt für die Animusfindung der Frau spielt, als auch für die Situation der Frau selbst. Ein zweites Merkmal zeichnet den Text aus. An ihm läßt sich gut die Wechselwirkung studieren, die zwischen gesellschaftlicher Realität und dem Individuationsprozeß des einzelnen besteht. Bei dieser Geschichte lassen sich in tiefenpsychologischer Auslegung Objekt- und Subjektebene auch methodisch nicht voneinander trennen. Bei der Interpretation soll deshalb ihre gegenseitige Durchdringung bewußt ins Auge gefaßt werden.

Die den Erzählablauf bestimmenden Rollen können in variabler Form archetypischen Bildern und Konstellationen zugeordnet werden. Einmal kann Jesus als Ich-Figur verstanden werden, welcher der in den Pharisäern verkörperte persönliche Schatten, in diesem Fall identisch mit dem jüdischen Kollektivschatten, und die Frau als vom Schatten eingesogene Anima zugehört. Das Ende der Erzählung zeigt dann die Ausdifferenzierung des Weiblichen aus dem männlichen Schatten Jesu. Zum zweiten kann von den Pharisäern als kollektivem Ich ausgegangen werden. Dann behandelt die Erzählung die Anima-Problematik der jüdischen Gesellschaft zur Zeit Jesu, wobei die Frau die unterdrückte Weiblichkeit der Männer verkörpert, Jesus den »neuen«, den Anima-integrierten Mann. Beide Konstellationen sind tiefenpsychologisch verhältnismäßig einfach und deshalb leicht zu verstehen; sie spiegeln seitengleich die gesellschaftliche Situation von damals, und der Betrachter sieht sie aus derselben Position, aus der heraus sie dargestellt sind. Texte dieser Art finden sich allenthalben in den Evangelien.

Bei der dritten Konstellation fungiert die Frau als Ich-Figur; und dann geht es in der Erzählung um die Animus-Problematik der Frau in einer Anima-unintegrierten patriarchalischen Gesellschaft. Diese Konstellation ist ziemlich kompliziert; denn die Individuationsproblematik der Frau kann nur in seitenverkehrter Spiegelung wahrgenommen werden, ist sie doch von den Erzählern gar nicht direkt angezielt, gemäß der Erfahrung, daß die Frage der Selbstverwirklichung der Frau in einer patriarchalischen Gesellschaft für inexistent gehalten wird. Die Animus-Problematik der Frau erscheint somit in der Geschichte nur als die unbewußte Rückseite der männlichen Selbstdarstellung. Wir müssen deshalb hinter die Kulissen der Erzählung schauen, um das Problem weiblicher Identitätssuche zu entdecken. Die tiefenpsychologische Methode, die grundsätzlich hinter die Fassaden zu blicken versucht, dürfte für diesen Fall, wie für das Problem »Frau in der Bibel« überhaupt, besonders geeignet sein.

Bei der hier zu klärenden dritten Konstellation soll vorweg die Rolle und Funktion Jesu zu erhellen versucht werden. Obwohl der dramatische Verlauf sich äußerlich zwischen Rabbinen/Pharisäern und Jesus entwickelt, bildet Jesus im eigentlichen Sinn keine Partei; und er nimmt nicht Partei, auch nicht für die Frau. Er verteidigt sie nicht und nennt ihr Verhalten Sünde; daß er sie nicht verurteilt, wirkt nicht als Parteinahme. Obwohl die Pharisäer die Frau nur als Mittel zum Zweck gebrauchen, um sich mit Jesus anzulegen, ist er nicht deren wahrer Gegenspieler. Durch sein Verhalten verändert er vielmehr die Situation dahin, daß die Frau zum Gegenpart der Pharisäer wird. Sie wird dadurch zugleich aus der Rolle des Objekts, in die die Pharisäer sie verbannt haben, befreit und wird zum Subjekt des Geschehens. Jesus selbst steht über den Parteien, und er steht über der pharisäischen Alternative: Gesetz oder Abweichen vom Gesetz. Die überraschende Veränderung der anfänglichen pharisäischen Absichten durch Jesus kommt unvorhergesehen und unvorhersehbar. Das ist ein charakteristischer Zug an der Gestalt Jesu in den Evangelien[31]. Er fällt nie auf die todsicher angelegten Alternativen seiner Gegner herein, und der Leser fragt sich: wie macht er das nur? Jesus findet in solch heiklen Situationen immer die dritte Möglichkeit, an die niemand denken konnte, der man aber stets spontan zustimmen muß, wie das in Joh 8 sogar die Pharisäer tun müssen. Der Vorgang scheint sich so erklären zu lassen: Jesus läßt sich nicht in eine der für ihn vorgesehenen Rollen drängen, auch wenn in gesellschaftlicher und religiöser Sicht gar keine andere Rolle da ist, wie im Falle der Ehebrecherin für einen jüdischen Mann nur die des Gesetzestreuen oder des Gesetzesbrechers. Jesus betrachtet die Situation vielmehr von einem höheren Standort aus, der einen weiteren Überblick über den Sachverhalt ermöglicht, als wenn er sich auf eine der vorgesehenen Positionen begäbe. So kann er einen Konflikt durch einen höheren, einen übergeordneten Gesichtspunkt lösen, der von der Position der sich ausschließenden Alternativen aus nicht zu erkennen ist. Für den konkreten Fall heißt das: Jesus ist über das Anima-unintegrierte Mannsein der Pharisäer weit hinausgewachsen, deshalb sind für ihn die üblichen männlichen Alternativen der Frau gegenüber überholt. Er kann sich zu der Frau ohne Vorgabe einer Richtlinie (Gesetz) spontan kreativ verhalten und so auch der Frau die Möglichkeit geben, sich zu ändern. Dabei wird das Verhalten der Pharisäer gleichzeitig als männlich unterentwickelt entlarvt. Die Fähigkeit Jesu, den Fallen der Pharisäer zu entgehen, beruht somit nicht auf einem Trick oder einer Taktik; sie ist Ausfluß seiner fortgeschrittenen Individuation.

Bis hierher bewegen sich die Überlegungen auf der Objektebene der Erzählung, inspiriert aber von tiefenpsychologischen Gesichtspunkten. Wenn die Erzählung nun aus der psychischen Ich-Position der Frau heraus interpretiert wird, dann steht in dem ablaufenden Prozeß Jesus für das Individuationsprinzip der Frau. Sein Verhalten setzt bei der Frau eine Selbst-Werdung in Gang und gibt ihr zugleich ein Ziel für ihren Weg. Innerpsychisch stellt Jesus die Fähigkeit der Frau dar, aus auswegloser Lage einen Entwicklungsfortschritt zu machen, indem sie eine aus ihrer bisherigen psychischen Einschränkung heraus nicht gesehene Lösung entdeckt, ein höheres Drittes gegenüber den falschen Alternativen. Diese Funktion, die Jesus in der Geschichte für die Frau innehat, ist die des Archetypus des Selbst. Sie spielt in vielen Teilen der Jesustradition eine wichtige Rolle. Aus der fortgeschrittenen Selbst-Werdung Jesu ist offenbar ein bewußtmachender Einfluß auf andere Menschen für ihre eigene Individuation ausgegangen, der in den Evangelien auch als »Vollmacht«[32] bezeichnet, als etwas Göttliches verstanden wird. Daß Jesus der Heiland (Christus), der Sohn Gottes genannt wird, hat, wie ich meine, in dem integrierten Menschsein des historischen Jesus seine anthropologische Basis. In der Erzählung von Joh 8 ist Jesu Integration der Anima der entscheidende Faktor. Wie sich der beschriebene Einfluß im erzählten Individuationsgeschehen realisiert, ist nun zu klären.

Die Frau, das Ich der Erzählung, erscheint von Beginn an eher als unfähig zur Individuation. Sie wirkt passiv, unselbständig, stumm, resigniert, wie dem Ende nahe – sie läßt sich von den Männern herbeischleppen und rührt sich nicht von der Stelle, an die sie gestellt wird. Offensichtlich befindet sie sich in einer zugespitzten Lebenskrise, die – wie die Anklage der Männer zeigt – im völligen In-Frage-gestellt-Sein ihrer weiblichen Identität besteht. Es scheint, daß diese Krise destruktiv ausgehen wird. Das Ich, das hier auch als weibliches Selbstbewußtsein bezeichnet werden kann, hat seine aktiv steuernde Funktion aufgegeben – die vorgesehene Steinigung deutet auf den psychischen Tod. Als innerer Grund für die katastrophale psychische Lage der Frau ist ihre Rolle als Sündenbock für die Anima-unintegrierten Männer auszumachen – der ihr zugewiesene Platz in der Mitte bezeichnet die psychische Position treffend; das Bild erweckt die zusätzliche Vorstellung, daß die Männer mit Fingern auf sie zeigen. Die Frau hat sich diese Rolle, die Schatten-Anima der Männer zu sein, offensichtlich selbst innerlich zu eigen gemacht. Sie wehrt sich nicht einmal gegen das Heuchlerische der Anklage; denn der Ehebrecher, der ja wie die Frau ›in flagranti‹ ertappt worden sein muß, wird nicht mit angeklagt, obwohl nach jüdischem Eherecht, das den Mann durchaus begünstigte, auch dieser für Ehebruch zu bestrafen wäre. Die Frau hat offenbar das negative männliche Urteil über sich verinnerlicht und wäre, von daher konsequent, auch bereit, das Todesurteil zu akzeptieren. Ihr innerer Animus entspricht damit dem Bild der realen Männer. Er hilft ihr nicht, die wahren Animus-Fähigkeiten der Frau zu entwickeln, wie geistige Aktivität, die zu eigenständigem Urteilsvermögen führt; wie die Fähigkeit, lebensfördernde Strukturen und Ordnungen zu bilden anstelle von erstarrtem Gesetzesformalismus, wie Gefühl und Verstand, Eros und Logos zu einer sinnstiftenden Einheit zu verbinden und an die Stelle von verhärteter Unmenschlichkeit zu setzen. Tatsächlich ist die Frau ihrer unentfalteten, unterdrückten psychischen Männlichkeit hilflos ausgeliefert; sie wird von ihr gelähmt, statt zu Eigenständigkeit angetrieben. Da sie ihre innere Männlichkeit nicht in den Dienst für ihre weibliche Individuation zu stellen vermag, wird sie von ihr beherrscht – *die* Rabbinen und Pharisäer, das klingt wie: alle Männer ihres Volkes, stellen die Übermacht der unbewußten Animus-Kräfte dar, von denen das Bewußtsein der Frau überwältigt worden ist; ihre weibliche Lebendigkeit ist im Begriff, sich von dieser Übermacht töten zu lassen. Der auf der Objektebene als Schuld der Frau zugerechnete Ehebruch erhält vor diesem Hintergrund seine Bedeutung auf der Subjektebene. Daß die Frau »fremdgeht«[33], heißt hier, sie ist sich selbst als Frau entfremdet. Das ist ein existentieller Tatbestand, der in dem moralischen des Ehebruchs seinen greifbaren Niederschlag finden kann. Die Schuld der Frau erweist sich dabei tiefenpsychologisch als innere Ablehnung ihrer selbst, als Nein zu sich als Frau. Die Frau hat ihrem fehlentwickelten Animus die Möglichkeit gegeben, psychisch in ihr alles zu überwuchern, indem sie sich selbst mit den Augen der psychisch unintegrierten Männer sieht und nicht mit denen einer Frau. Dadurch ist bei ihr die innere, weiblich-männliche Polarität zerstört, die für ihre Selbstwerdung hätte fruchtbar werden können. Insofern würde die Frau, wenn es keine Umkehr in dem Prozeß gäbe, an ihrem Animus zugrunde gehen.

An dieser Stelle ist die Verschlingung von gesellschaftlichen Gegebenheiten und psychischen Entwicklungschancen am deutlichsten erkennbar. Die androzentrische Lebensordnung läßt der Frau keine Möglichkeit, im vollen Sinn Frau zu werden, weil ihr infantiler Animus Spiegelbild der unreifen Männlichkeit der Männer ist. Die psychische Situation spiegelt dabei die äußere Lebenslage sehr genau: der reale Ehebruch der Frau kann bei den Voraussetzungen der damaligen jüdischen Gesellschaft sehr wohl verstanden werden als eine Folge der Schwierigkeit, eine die Frau befriedigende, menschliche Beziehung in der Ehe zu realisieren, war sie doch von vornherein als Mensch abgewertet und z. B. in der Scheidungspraxis der Willkür des Ehemannes ausgeliefert[34]. An der Erzählung läßt sich ein wichtiger Aspekt der menschlichen Individuation ablesen. Die ›realiter‹ gelebte, von einer Gesellschaft favorisierte Form von Weiblichkeit und Männlichkeit einerseits und andererseits die Fähigkeit, den innerpsychisch jeweils gegengeschlechtlichen Aspekt dem Bewußtsein zu integrieren – und das heißt auch, ihn zu leben –, bedingen einander. Für die Frau in einer patriarchalischen Gesellschaft ist es von daher sehr schwierig, ganzheitlich, das heißt mit einem bewußten Animus, zu leben, weil ihre von Männern festgeschriebene, soziale Rolle eine unabhängige Animus-Entwicklung bei der Frau behindert oder sogar unmöglich macht. Wo Frauen aber der Entwurf eines Animus-integrierten Selbst-Bildes gelingt, kann auch eine Veränderung der gesellschaftlichen Rolle einsetzen.

Eine solche Wende zur Selbst-Verwirklichung der Frau wird nun in der Erzählung von der Ehebrecherin gezeigt. Die tiefenpsychologische Sicht hat verdeutlicht, daß die Frau sich in psychischer Lebensgefahr befindet, das heißt, daß ihr weibliches Ich unterzugehen droht. An diesem Tiefpunkt ihrer Entwicklung setzt das Bewußtwerden ihrer Selbstentfremdung ein, ausgelöst durch die Begegnung mit dem Anima-integrierten Mann Jesus. Er weckt Selbst-Kräfte in ihr, mit deren Hilfe sie ihr überwältigtes weibliches Ich wieder festigen kann. Es erfolgt eine innere Wandlung, die sich auf der Objektebene in der Spannung zwischen den Pharisäern und Jesus ereignet, einem Vorgang, der sich auf der Subjektebene als eine Art innerer Dialog der Frau darstellt zwischen dem infantilen und dem in ihr Selbst integrierten, zwischen dem real gelebten und dem in die Zukunft hinein zu entwickelnden Animus. Hier tritt die bewußtmachende Funktion Jesu als des Individuationsmotors in den Vordergrund. Der auf die Erde schreibende Jesus bildet die *bewußte* – schreiben vermittelt Erkenntnis – Rückbindung des Mannes an das Urweibliche (die Erde) ab. In dieser ausgewogenen männlich-weiblichen Gestalt stellt er das zu verwirklichende Selbst der Frau dar und entlarvt den Animus der Frau als den kollektiven gegengeschlechtlichen Schatten der damaligen jüdischen Frau. Jesu Wort: »Wer von euch ohne Sünde ist . . .« deckt die Projektion des männlichen Schattens auf die Frau auf. Die Sünde der Männer bezeichnet auf der Objektebene wahrscheinlich eigenes Fremdgehen, mindestens in Wünschen; auf der Subjektebene besteht die »Sünde« in der psychischen Zerrissenheit, die aus der Abspaltung der Anima hervorgeht. Indem der Frau bewußt wird, daß ihre innere Männlichkeit nach dem Bilde pharisäischer Männlichkeit gemacht, also auf sie projiziert ist, wird sie vor dessen zerstörender Gewalt gerettet. Jesus als ihr Selbst verteilt die auf sie projizierte Schuld an deren Ursprung zurück[35]. So verlieren die Männer ihre Macht über die Frau – sie schleichen davon –, und ihr erlöster Animus nimmt ihr den Selbsthaß. Das einzige von der Frau gesprochene Wort, »keiner« habe sie verurteilt, bedeutet das Nein zu ihrem bisherigen Besessensein durch den Schatten-Animus. Ihr neugewonnenes Selbst-Bild, ihre neue Identität, drückt sich in Sprachfähigkeit als Ausdruck ihres Bewußt-werdens aus und in der aktiven Fähigkeit, ihre Selbstentfrem-dung aufzuheben – »Geh und sündige nicht mehr« spricht den Impuls zur Wandlung aus von einer Animus-fremdbe-stimmten zu einer Animus-selbstbewußten Frau. Daß sie Jesus mit »Herr« anredet, zeigt den Wandel ihrer Zielvorstellung für ihre Entwicklung an: von der Animus-hörigen zur Selbst-verwirklichenden Frau[36]. Die ganze Szene hat sich im Tempelbezirk abgespielt, im Heiligen, wie der Urtext sagt. Dies kann zwar als historische Notiz gelten, wirft aber auch ein Licht auf die Funktion Jesu für den Individuationsprozeß bei der Frau; ihr neues, von Jesus verkörpertes Selbst-Bild steht in der Nähe zu Göttlichem, und ihre Identitätsfindung als Frau kommt einer religiösen Urerfahrung gleich.

Wie die nähere Beschäftigung mit der Erzählung zeigt, hat die Gestalt Jesu darin tatsächlich, wie in der Exegese herausgestellt, Züge des synoptischen Jesus. Das betrifft vor allem den heilenden, Menschen psychisch ganzmachenden Einfluß, der von Jesus ausgeht. Daß er hier wie auch synoptisch öfter auch oder gerade von den sozial wie psychisch niedergehaltenen Frauen erfahren wird, kann meines Erachtens nur daher rühren, daß Jesus in seiner eigenen menschlichen Selbstwerdung dem kollektiv in seinem Volk erreichten Entwicklungsstadium voraus ist und eine größere Ausgewogenheit zwischen psychisch männlichen und weiblichen Aspekten realisiert hat. Weil er, wie der vorliegende und entsprechende Texte zeigen, seine Anima aus dem Schatten der negativen Projektion auf die Frau erlöst hat, das heißt ein erwachsener Mann geworden ist, kann er auch Frauen davon befreien, sich selbst als den Geschlechtsschatten des Mannes zu sehen und sich dadurch der eigenständigen weiblichen Lebensmöglichkeiten zu berauben. In diesem Sinne kann Jesus das Individuationsprinzip und -ziel auch für Frauen sein.

3. Bei sich sein – zu sich selbst kommen

In diesem Kapitel werden biblische Erzählungen interpretiert, die nicht auf einen archetypischen Kristallisationspunkt der Selbstwerdung konzentriert sind, sondern den Individuationsprozeß als solchen und sein Ziel behandeln.

3.1 David, von der Muse geküßt – 2 Samuel 6

Israels berühmtester König, David, war gewiß durch seine politisch-militärischen Erfolge zu seinem Ruhm gelangt. Und zum Vor-Bild für den endzeitlichen Heilbringer ist er gewiß deswegen geworden, weil die Überlieferung bei ihm die speziell israelitische Form der Gottesbeziehung verwirklicht gesehen hat: die Erfahrung Jahwes inmitten der geschichtlichen Vorgänge selbst, im Gelingen des großen historischen Entwurfs eines befriedeten Jahwevolkes wie im kläglichen Versagen des Königs und seiner Umkehr in der Uria-Affäre zum Beispiel. Daneben werden in der Tradition auch vorhandene Züge dieses Königs, die urbildhaft Menschliches erkennen lassen, häufig, wenn überhaupt, nur am Rande vermerkt. David wird aber durchgängig nicht nur als ein politisch und militärisch erfolgreicher Führer dargestellt, sondern ebenso durchgängig auch als ein musischer, ein poetischer Mensch. Er wird in der Tradition gesehen als das, was die antiken Völker einen »Liebling der Götter« nannten, ein schon von Geburt an bevorzugtes Glückskind, in alttestamentlicher Vorstellung so ausgedrückt, daß Jahwe mit ihm ist (1 Sam 16, 18). Begabt mit einem schönen Körper (1 Sam 16, 12), musikalisch, redegewandt und tüchtig im Kampf, alles schon in jungen Jahren (1 Sam 16, 18; 17), zu intensiver Freundschaft fähig (mit Sauls Sohn Jonatan: 1 Sam 18; 2 Sam 1, 26) und bei den

Frauen beliebt (1 Sam 18, 6–7; 25), erscheint er in der Tradition fast wie eine festliche Existenz. Solche nicht erworbenen »Begabungen« könnten bei einem Menschen leicht zu überheblicher Selbstsicherheit führen. David wird jedoch eher Bescheidenheit attestiert; ihm selbst erscheint der ihm von andern nahegelegte Gedanke, er könne der Schwiegersohn von Saul, dem Fürsten, werden, vermessen (1 Sam 18, 20 ff); gegenüber Saul, in dessen tödlichem Haß auf den Rivalen, verhält er sich großmütig, ohne sich das als besonderes Verdienst anzurechnen (1 Sam 24; 26); vor allen folgenreichen Entscheidungen berät er sich mit Gott (z. B. 1 Sam 23; 2 Sam 5). Nimmt man alle diese für die Gestalt Davids in der alttestamentlichen Überlieferung charakteristischen Züge zusammen, so ergibt sich das Bild eines abgerundeten exemplarischen Menschseins[37], das aber nicht für eine alltägliche banale Existenz steht, sondern eher für eine, wie sie in der Regel in unserer vorhandenen Welt nicht vorkommt. David ist insofern eine überhöhte menschliche Gestalt. In sie sind sicher Züge eingegangen, die aus der Sehnsucht der Menschen stammen, teilzuhaben an einem Leben, das dem gewöhnlichen, dem unbedeutenden Durchschnittsschicksal enthoben ist. In David stellt die alttestamtentliche Tradition einen Menschen vor, der seine Kreativität voll ins Leben umzusetzen vermochte über alle normalerweise einschränkenden Hindernisse hinweg. Da es einen solchen Menschen in der fragilen geschichtlichen Welt im Grunde gar nicht geben kann, ist in der Gestalt Davids so etwas wie das Urbild vom Menschen entworfen, das zugleich Zielbild menschlicher Geschichte ist, daran zu erkennen, daß von der Gestalt des historischen Königs David die messianischen Hoffnungen inspiriert wurden. Als Ur- und Zielbild des Menschen ist David der Archetypus ganzheitlichen Menschseins überhaupt. Das in der Tradition von ihm vermittelte Bild bedeutet so etwas wie die Verheißung vom voll gelebten, in *allen* Möglichkeiten entfalteten Menschsein. Einem Aspekt der urbildhaften Züge an der Gestalt Davids, dem musischen, soll im folgenden genauer nachgeforscht werden.

Die Eigenschaft »musisch« darf in der Davidüberlieferung nicht zu eng gefaßt werden; sie äußert sich zwar hervorragend in der Musikalität und poetischen Fähigkeit Davids – nicht von ungefähr wird ihm die Urheberschaft an einer großen Zahl von Psalmen zugeschrieben. Diese Fähigkeiten sind aber, wie zu zeigen ist, nur die äußere, sichtbare Seite einer charakteristischen Persönlichkeitsstruktur. Deren erstes wichtiges Merkmal ist, daß David Musikalität einfach besitzt; daß er sie erworben habe, wird nirgends gesagt. Das Saitenspiel wird er wohl erlernt haben; doch dessen heilende Wirkung auf den umnachteten Saul (vgl. 16, 14–23) scheint aus der Verbindung der Musik mit der Person Davids hervorzugehen. Das Musische drückt sich überhaupt in einem gewissermaßen naturhaften, angeborenen Einssein des David mit sich selbst und mit Gott aus – die Musen müssen ihn schon vor oder bei der Geburt geküßt haben. Auch erweist er sich in kritischen und gefährlichen Lebenslagen von einer schlafwandlerischen Sicherheit und Unverletzlichkeit, wie wir das sonst nur von Märchenhelden kennen, z. B. im Kampf gegen den Riesen Goliat (1 Sam 17), bei den Versuchen Sauls, ihn beim Harfenspiel mit dem Speer zu durchbohren (z. B. 1 Sam 18, 10–14), bei der unmöglich erscheinenden Eroberung Jerusalems (2 Sam 5, 6 ff).

Versuchen wir, für das, was in der Bibel Gnade Gottes ist, den sozusagen anthropologischen Unterbau auszumachen, so ist David ein Mensch, der aus starken unbewußten Kräften lebt. Entfremdung von sich selbst im Auseinanderfallen von bewußten Zielsetzungen und unbewußter Antriebsenergie scheint es bei ihm nicht zu geben. Er handelt stets aus einem inneren Zentrum heraus, sei es in der Hingabe an die Künste, wobei er wegen der Eifersucht Sauls in Lebensgefahr gerät, der er aber wie selbstverständlich auch immer wieder entgeht; sei es im totalen Sich-Verausgaben in der Buße, um Gott das Leben des aus der ehebrecherischen Beziehung zur Frau seines Feldherrn hervorgegangenen Kindes abzugewinnen, sowie im ebenso selbstverständlichen wie umfassenden Akzeptieren des Todes dieses Kindes (2 Sam 12, 15–23). Was David tut, tut er ganz, mit voller Hingabe, ohne daß dies jemals angestrengt oder als eine besondere sittliche Leistung erscheint. Seine Lebensaufgaben bewältigt er auch in den schwierigsten Situationen spielerisch, ein Zug, der in der Geschichte vom Sieg des Hirtenjungen David über den Krieger Goliat mit Hilfe eines Kinderspielzeugs zum Grundzug von Davids Persönlichkeit typisiert worden ist. David kann uns deshalb so liebenswert erscheinen wie ein Kind, das noch ganz in sich selbst ruht.

Doch an diesem Punkt erscheint auch die Problematik der musischen Persönlichkeit des David. Wenn die archetypische Stilisierung einer historischen Person durch die Tradition einer Verarbeitung unbewußter kollektiver Energien gegensätzlicher Art entspricht, so müssen sich die Spuren dieser Ambivalenz auch am Bilde der zum Archetypus gewordenen geschichtlichen Gestalt finden. Dies ist an der Überlieferung von David deutlich zu erkennen. Davids Fähigkeit, in ständigem ungehinderten Austausch mit den kreativen Kräften der unbewußten Psyche zu leben, ist sozusagen naiv, vorbewußt, nicht erprobt in den Prozessen der Selbstentfremdung des Lebens. Deshalb kann David genauso leicht, wie die Muse aus ihm spricht und klingt, auch den destruktiven Möglichkeiten des Unbewußten anheimfallen. Er kennt nicht die Ambivalenz der unbewußten Energien; er kann sie deshalb nicht bewußt steuern und wird dann von seinen inneren »bösen« Kräften einfach überwältigt. Am deutlichsten zeigt das die Batseba-Geschichte, in der David dargestellt ist als ein Mensch, bei dem die Vernunft außer Kraft gesetzt ist (2 Sam 11).

Die Davidüberlieferung enthält aber Elemente, die verdeutlichen, daß auch dieser musisch harmonische Mensch einen Prozeß der Entfremdung von der paradiesischen Ursprungseinheit mit sich, mit der Welt, mit Gott durchmacht und erst dann zu einer Harmonie von bewußten und unbewußten Kräften auf einer psychisch höheren Stufe findet. Erst in diesem Prozeß werden die unbewußten schöpferischen Energien voll bewußtseinsfähig, und das heißt voll menschlich. In der David-Tradition hat die Geschichte von der Überführung der Lade nach Jerusalem für diesen Prozeß exemplarische Bedeutung. An ihr soll deshalb Davids Beziehung zur Muse eingehender untersucht werden.

2 Samuel 6, 1–23 (Die Überführung der Lade)

David versammelte alle kriegstüchtigen Israeliten, dreißig-tausend Mann, 2 und zog mit seinem ganzen Heer nach Baala in Juda, um von dort die Lade Gottes heraufzuholen, die den Namen des Herrn der Heere trägt, der über den Kerubim thront. 3 Sie holten die Lade Gottes auf einem neuen Wagen vom Haus Abinadabs ab, das auf dem Berg liegt; Usa und Achjo, die Söhne Abinadabs, lenkten den Wagen. 4 Usa ging neben der Lade Gottes her, und sein Bruder ging ihr voran. 5 David und das ganze Haus Israel zogen tanzend vor dem Herrn her, sangen und spielten auf Zithern, Harfen und Handpauken, mit Rasseln und Zimbeln. 6 Als sie zum Dreschplatz Nachons kamen, brachen die Zugtiere aus, und Usa griff nach der Lade Gottes, um sie festzuhalten. 7 Der Herr aber wurde zornig auf Usa und schlug ihn wegen dieser Vermessenheit, so daß er auf der Stelle neben der Lade Gottes starb. 8 David war sehr erregt darüber, daß der Herr den Usa getötet hatte, und man nennt den Ort bis heute darum Perez-Usa (Unglücksstätte des Usa). 9 An jenem Tag bekam David Angst vor dem Herrn und sagte: Wie soll die Lade des Herrn jemals zu mir kommen? 10 Darum wollte er die Lade des Herrn nicht zu sich in die Stadt Davids bringen lassen, sondern stellte sie in das Haus des Obed-Edom aus Gat.

11 Drei Monate lang blieb die Lade des Herrn im Haus des Obed-Edom aus Gat, und der Herr segnete Obed-Edom und sein ganzes Haus.

12 Als König David berichtet wurde: Der Herr hat das Haus Obed-Edoms und all sein Eigentum wegen der Lade Gottes gesegnet, ging er und holte voll Freude die Lade Gottes aus dem Haus Obed-Edoms in die Stadt Davids.

13 Und sobald die Träger der Lade des Herrn sechs Schritte gegangen waren, opferte er einen Stier und ein Mastkalb. 14 David tanzte mit großer Hingabe vor dem Herrn her und trug dabei nur ein leinenes Priestergewand. 15 So brachten David und das ganze Haus Israel die Lade des Herrn unter großem Jubelgeschrei und unter dem Klang des Widderhorns zur Stadt hinauf. 16 Als die Lade des Herrn in die Stadt Davids getragen wurde, schaute Michal, Sauls Tochter, aus dem Fenster, und als sie sah, wie der König David vor dem Herrn hüpfte und tanzte, verachtete sie ihn im stillen. 17 Man trug die Lade des Herrn in das Zelt, das David für sie aufgestellt hatte, und setzte sie an ihren Platz, und David brachte dem Herrn Brandopfer und Heilsopfer dar. 18 Als er die Brandopfer und Heilsopfer dargebracht hatte, segnete er das Volk im Namen des Herrn der Heere 19 und ließ an alle Männer und Frauen im Volk, an all die vielen Israeliten, je eine Scheibe Brot, einen Dattelkuchen und einen Traubenkuchen austeilen. Dann gingen alle wieder nach Hause.

20 Auch David ging heim, um seine Familie zu begrüßen. Da kam ihm Michal, Sauls Tochter, entgegen und sagte: Wie würdevoll hat sich heute der König von Israel verhalten! Vor allen Mägden seiner Untertanen hat er sich heute bloßgestellt wie ein gemeiner Mann! 21 David entgegnete ihr: Vor dem Herrn habe ich getanzt, vor dem Herrn, der mich statt deines Vaters und seines ganzen Hauses erwählt hat, der mich zum Fürsten seines Volkes Israel gemacht hat. 22 Vor ihm will ich mich gern noch geringer machen. Auch wenn ich in deinen Augen nichts gelte, so werden mir doch die Mägde, von denen du sprichst, Ehre erweisen. 23 Michal aber, Sauls Tochter, bekam bis zu ihrem Tod kein Kind.

Erzählerisch ist die Geschichte zweigipfelig aufgebaut mit zwei parallelen Abschnitten. Im ersten wird das Fehlschlagen, im zweiten das Gelingen der gleichen Unternehmung erzählt; so überbietet der zweite Teil den ersten. Inhaltlich entspricht dem das Erzählte, die zweifache, aber verschiedene Gotteserfahrung Davids. Nun ist gewiß die Lade nicht einfach mit Gott gleichzusetzen. Dennoch versteht die Erzählung die Lade als ein Symbol für das Anwesendsein Gottes. Wird das Erzählte interpretiert als ein menschlicher Integrationsprozeß, dargestellt in archetypischen Bildern, so ist Gott bzw. das Göttliche der Lade zu sehen, wie es innerpsychisch repräsentiert ist. Das heißt dann, daß die Rückführung der Lade aus der Gefangenschaft bei den Feinden auf eine neue Gotteserfahrung, aufsteigend aus dem Fremden des kollektiven Unbewußten – die Lade gehört dem ganzen Volk, David ist dessen Repräsentant (6, 5) – und ins Bewußtsein drängend, verweist. David überschreitet hier eine Schwelle zu neuen unbekannten Möglichkeiten seiner selbst. Dabei brechen seine schöpferischen Fähigkeiten mit Macht durch, und er drückt sich in mannigfachen Künsten aus, im Tanzen, im Gesang und in Musik auf vielen Instrumenten. Die Ekstase, in die David gerät, trägt ihn über seine Individualität hinaus, läßt ihn von größeren Mächten ergriffen werden, die doch seine eigenen innersten Kräfte sind, aus denen er schon sein bisheriges Leben als das Glückskind, der Musensohn und Gottes Liebling gelebt hat. Doch diesmal ist das Ergriffensein fundamentaler und bringt David in die Krise; denn er hat den Gott, der da mit der Lade zu ihm aufgebrochen ist, falsch eingeschätzt. Er kennt bis jetzt offensichtlich nur den lichten Gott, nicht aber den *auch* in seiner Tiefenpsyche wohnenden dämonischen Gott; diesen erfährt er jetzt. Die Vorstellung, daß das Heilige oder Göttliche sich in der äußeren Welt als todbringend manifestiert – wie hier im plötzlichen Tod des Usa –, wird für uns nachvollziehbar, wenn wir sie als Ausdruck der autonomen Gewalt unbewußter psychischer Energien erkennen, der alle Menschen ausgesetzt sind und die sich nur dann schöpferisch auswirken, wenn sie nicht draußen angesiedelt, sondern als eigene innere Gefährdung erkannt und dem Bewußtsein zugänglich gemacht werden. Vor dieser Aufgabe des Bewußtwerdens steht David im ersten Teil der Erzählung. Hier aber meistert er sie nicht, sondern reagiert nur mit Schrecken. In Berührungsangst entzieht er sich der Erfahrung, wehrt die dunkle Seite seines Gottes ab – er läßt die Lade stehen, wo sie gerade ist (6, 10 f), und begibt sich in seine ihm vertraute Welt zurück. An dieser Stelle zeigt sich, daß Davids Offenheit für die Tiefenenergien, die ihm hervorragende musische Fähigkeiten schenken, unerleuchtet, naiv ist. Er hätte auch den dunklen Gott schon kennen können aus seiner Begegnung mit Saul, der diesem verfallen war (1 Sam 16, 14 ff u. ö.). Doch David hat ihn dort nicht erkannt. Auch jetzt gelingt es ihm erst in einem zweiten Anlauf, beide Seiten der in ihm wirkenden göttlichen Macht zusammenzubringen.

An David wird hier eigentlich ein Prozeß in umgekehrter Richtung vorgeführt, wie er in der alt-neutestamentlichen Geschichte der Gottesvorstellungen abgelaufen ist. Bei dieser ist die dunkle, die dämonische Seite aus dem Bild von Gott immer mehr verdrängt worden, bis ein ausschließlich »guter«, heller Gott übrigblieb[38]. Der umgekehrt verlaufende Prozeß, in dem die dunkle und helle Seite Gottes integriert werden, dürfte dem Menschen zuträglicher sein. Denn der dämonische Gott hat sein Äquivalent in der kollektiven Tiefenpsyche. Wird er verdrängt oder verleugnet, so werden auch die gefährlichen psychischen Energien nicht als eigene erkannt und können dann Menschen – einzelne, Gruppen und ganze Völker – regelrecht in ihre Gewalt bekommen.

Die Geschichte von der Heimführung der Lade enthält somit eine elementare anthropologische Wahrheit in dem Bild von der Doppelgesichtigkeit Gottes, die David akzeptieren lernt. Im zweiten Teil der Geschichte wird dieser Integrationsprozeß von David erzählt. Es wird zwar nicht mitgeteilt, was während der Zeit des Rückzugs Davids vom Schrecken der Begegnung mit dem dunklen Gott in ihm vorgegangen sein könnte. Doch an seinem nachfolgenden Verhalten zeigt sich, daß es eine Art schöpferischer Regression war, in der er gelernt hat, den schrecklichen, todbringenden Gott in ihm selbst mit dem freundlichen, segenspendenden, den er bisher nur gekannt hatte, zu identifizieren. Anders wäre es nicht denkbar, daß er die Lade, das Symbol des zwiegesichtigen Gottes, ein zweites Mal zu sich heimholt, diesmal mit Erfolg. Auch bei diesem zweiten Versuch, die Entfremdung einer Seite Gottes und damit zugleich eines Teils von sich selbst aufzuheben, wird David von den Energien des Unbewußten hingerissen und läßt sich von ihnen mit all seinen musischen Fähigkeiten inspirieren. Aber diesmal ist es eine erleuchtete, keine naive Ekstase mehr; denn nun kann er vernünftig Rechenschaft geben über das, was mit ihm geschieht und was er tut; dies dürfte der Sinn seiner Rechtfertigung gegenüber seiner Frau sein (6, 21 f). David hat in diesem Geschehen offensichtlich Nähe und Distanz zu den kreativ-musischen Tiefen seiner Psyche ins Gleichgewicht gebracht. Das heißt, er liefert sich seinen Tiefenkräften nicht mehr einfach aus, sondern vermag sie seiner bewußten Existenz anzugliedern und damit deren destruktive Seite, den tödlichen Gott, in konstruktives menschliches Leben zu verwandeln.

Die ursprünglich selbständige Michal-Episode ist aus dieser Sicht in einen sinnvollen Zusammenhang mit der Lade-Erzählung gebracht worden. Davids Frau Michal verkörpert darin eine bestimmte Seite an David selbst, eine Gefährdung, der er zwar nicht verfällt, die ihn aber real bedroht. Die Frau ist die Antipodin seiner Kreativität, eine kalte kritische Rationalität, die sich vom schöpferischen Lebensurgrund, vom Göttlichen, isoliert, indem sie diese Macht ironisiert. In Michal erscheint die Versuchung des zu kritischem Bewußtsein gelangten Menschen, alles Unbewußte abzuwehren, statt es zu integrieren. Es ist *die* Seite des Bewußtseins, die zur Gotteserfahrung unfähig ist und die am Fortschritt in der Menschwerdung hindert; nicht von ungefähr heißt es, daß Michal unfruchtbar blieb (6, 23).

Der Verlauf von Davids Leben zeigt den König öfter in ähnlicher Situation wie in der Lade-Erzählung, im Zwiespalt nämlich zwischen Sich-Ausliefern an die dunklen unbewußten Mächte auf der einen und deren konstruktiver Integration in sein bewußtes Leben auf der anderen Seite, beides am deutlichsten in der Batseba-Geschichte, dargestellt als Davids Schuld, seine Bestrafung durch Gott und seine Buße; ähnlich auch im Kampf mit seinem Sohn Abschalom, wo David durch die Trauer um dessen Tod geradezu hinweggeschwemmt wird, bis er schließlich aus der Resignation doch in seine Regierungsaufgabe zurückkehrt (2 Sam 19).

Der Vorzug besonderer, musisch-kreativer Nähe Davids zum Unbewußten blieb offenbar auch seine besondere Gefährdung: diesen »unteren« Mächten naiv und kritiklos zu verfallen. Die Tradition hat über diesen König festgehalten, daß er durch Schuld und Leiden – vor allem den Zerfall seiner Familie wegen der Thronnachfolge – dazu gebracht wurde, die Balance zu suchen zwischen seiner großen schöpferischen Begabung und den Aufgaben bewußt gesteuerter Lebensgestaltung. Integrativ erweisen sich in dieser, von der Tradition als exemplarisch verstandenen, menschlichen Entwicklung die zum Teil paradoxen, aber auf Einheit drängenden Gotteserfahrungen Davids.

3.2 Heilung des Besessenen von Gerasa – Markus 5

Markus 5, 1–20

Sie kamen an das andere Ufer des Sees, in das Land der Gerasener. 2 Als er aus dem Boot stieg, lief ihm ein Besessener entgegen. Er kam von den Grabhöhlen, 3 in denen er lebte. Man konnte ihn nicht einmal mit Fesseln bändigen. 4 Schon oft hatte man ihn an Händen und Füßen gefesselt, aber er hatte die Ketten gesprengt und die Fesseln zerrissen; niemand konnte ihn bezwingen. 5 Bei Tag und Nacht war er in den Grabhöhlen und auf den Bergen, und immer schrie er und schlug sich mit Steinen. 6 Als er Jesus von weitem sah, lief er zu ihm, warf sich vor ihm nieder 7 und schrie laut: Was habe ich mit dir zu tun, Jesus, du Sohn des höchsten Gottes? Ich beschwöre dich bei Gott, quäle mich nicht! 8 Jesus hatte nämlich zu ihm gesagt: Verlaß diesen Mann, du unreiner Geist! 9 Jesus fragte ihn: Wie heißt du? Er antwortete: Ich heiße Legion; denn wir sind zahlreich. 10 Und er bat Jesus sehr, sie nicht aus dieser Gegend zu vertreiben. 11 Ganz in der Nähe weidete gerade an einem Berghang eine große Schweineherde. 12 Da baten ihn die Dämonen: Schick uns in die Schweine, laß uns in sie hineinfahren. 13 Jesus erlaubte es ihnen. Darauf verließen die unreinen Geister den Menschen und fuhren in die Schweine, und die Herde stürzte sich den Abhang hinab in den See. Es waren etwa zweitausend Tiere, und alle ertranken. 14 Die Hirten flohen und erzählten alles in der Stadt und in den Dörfern. Darauf eilten die Leute herbei, um zu sehen, was geschehen war. 15 Sie kamen zu Jesus und sahen bei ihm den Besessenen, der die Legion von Dämonen gehabt hatte. Er saß in ordentlichen Kleidern da und war bei Verstand. Da fürchteten sie sich. 16 Die anderen, die alles gesehen hatten, berichteten ihnen, was mit dem Besessenen und mit den Schweinen geschehen war. 17 Darauf baten die Leute Jesus, ihr Gebiet zu verlassen. 18 Und als er ins Boot stieg, bat ihn der Geheilte, bei ihm bleiben zu dürfen. 19 Aber Jesus erlaubte es nicht, sondern sagte zu ihm: Geh nach Hause und erzähl deiner Familie, wie der Herr sich erbarmt und dir geholfen hat. 20 Da ging der Mann weg und verkündete in der ganzen Dekapolis, wie Jesus ihm geholfen hatte, und alle staunten.

Diese Wundergeschichte gehört zu den Texten in den Evangelien, die für einen modernen Menschen besonders schwer, wenn überhaupt zu akzeptieren sind. Die geradezu phantastisch anmutende Episode von den Schweinen, der wie ein wildes Tier beschriebene Besessene sind als empirische Phänomene einem Menschen heute wohl auch nicht zumutbar, werden höchstens toleriert als eine Art Spukgeschichte für Kinder. Die Frage, wieso solch eine Geschichte etwas mit christlichem Glauben, mit Gotteserfahrung zu tun haben soll, ist berechtigt. Ja, es stellt sich sogar die grundsätzliche Frage, ob nicht Jesus als der Ursprung des christlichen Glaubens zu einer fragwürdigen Gestalt wird, wenn er mit solchen grotesken Geschichten verbunden ist. Andererseits läßt sich vermuten, daß eine Besessenenheilung wie die vorliegende nicht ins kirchliche Glaubenszeugnis gelangt und tradiert worden wäre, wenn man sie damals für grotesk gehalten hätte. Es muß für die Überliefernden offenbar Motive gegeben haben, die diese Perikope als lebens- und glaubensrelevant erscheinen ließen. Solchen möglichen Motiven will die folgende Interpretation nachspüren.

Die Wundergeschichte enthält wahrscheinlich Motive, die aus jüdischem oder heidnischem Erzählgut in die Jesustradition eingewandert sind, z. B. die Schweineperikope, der Schauplatz in der Dekapolis östlich des Sees Genesaret im heidnischen Gebiet. Daran wird schon deutlich, daß hier eine menschlich typische, nicht eine historisch einmalige Situation erzählt wird. Das gilt auch, wenn mit den mythischen bzw. archetypischen Motiven die Erinnerung an eine Begebenheit aus dem Leben des historischen Jesus festgehalten ist.

Tiefenpsychologisch betrachtet, ist diese Wundergeschichte die Erzählung von einer Individuation in einem bestimmten Stadium. Sie wird erzählt in Bildern einer inneren, aber nach außen gekehrten Dramatik, als Spiegelung eines psychisch-subjektiven Geschehens auf die Objektebene. Am Phänomen der Besessenheit, das ja eine psychische Obsession ist, sich hier aber in der äußeren Gestalt und im Verhalten des Besessenen manifestiert, wird das ganz deutlich. Dabei können durchaus Bezüge auf der Objektebene als einwirkend auf die Entwicklungskrise angenommen werden. Das heißt, wenn in der Geschichte der Besessene die Ich-Figur ist, zu der die erzählten bildhaften Vorgänge und Personen als psychische Funktionen gehören – das betrifft auch Jesus –, so können z. B. dargestellte Peronen auch auf der Objektebene eine für die subjektive psychische Problematik wichtige Aussage machen. Die Erzählung ist so strukturiert, daß der Anstoß zur Veränderung der festgefahrenen und eigentlich aussichtslosen Lebenssituation des besessenen Menschen von einer tatsächlich stattfindenden Begegnung mit Jesus ausgeht – auf Jesu Erscheinen hin wird der Besessene aktiv. An der Geschichte kann daher ein wichtiger Aspekt von tiefenpsychologischem Menschenverständnis erkannt werden, nämlich: tiefenpsychisch relevante Prozesse werden durchweg von Konstellationen in den Objektbeziehungen eines Menschen angestoßen; z. B. kann das spannungsgeladene Verhältnis zwischen zwei Brüdern, Freunden oder ähnlichen, bei denen der eine abgelehnte Seiten des anderen besitzt, den einen dazu veranlassen, an der Integration des Schattens in die eigene psychische Gestalt zu arbeiten. Biblische Erzählungen wie die vorliegende stellen häufig solche Durchdringungen der Individuationsproblematik auf der Objekt- und Subjektstufe dar. Wie sieht die Problematik nun bei dem besessenen Gerasener aus?

Die Bilder, in denen die Besessenheit des Menschen sinnlich anschaubar ist, zeigen, daß seine bewußte Persönlichkeit von tiefenpsychischen Energien überflutet ist; die Steuerung durch das Bewußtsein ist außer Kraft gesetzt. Der Mann ist das Gegenstück zu einem Menschen, der seine unbewußten Kräfte unterdrückt und nur noch vom Kopf aus lebt, einem menschlich dürren, rationalen Typ. Wie dynamisch die psychische Tiefenenergie ist, zeigt sich an den übermenschlichen Kräften – er zerreißt Ketten und Fußfesseln, ist nicht zu bändigen (5, 4). Es scheint, als sei der Mensch von einer archaischen Urgewalt gepackt. Wenn solche Energien nicht in die bewußte Person integriert und auf diese Weise in konstruktive schöpferische Leistung überführt werden, sondern die Alleinherrschaft erlangen, dann wirken sie zerstörerisch wie bei dem Mann in der Geschichte, dessen soziale Beziehungen zerrissen sind – er wird von seinen Mitmenschen wie ein wildes Tier, allerdings vergeblich, gefesselt (5, 3–4) –, der der Selbstdestruktion verfällt – er schlägt sich mit Steinen (5, 5) –, der in seiner charakteristisch menschlichen psychischen Gestalt schon tot ist – er lebt in den Gräbern (5, 2. 5). In tiefenpsychologischer Betrachtungsweise ist der so geschilderte Mensch einer psychischen Macht ausgeliefert, die stärker ist als seine individuelle Psyche; er kann sie nicht steuern oder beherrschen, vielmehr beherrscht diese Macht ihn. Aus seiner Ich-Perspektive ist sie ihm gegenüber völlig autonom und erscheint deshalb in der Geschichte in personhaften Bildern: als unreiner Geist (5, 2. 8), mit einem Namen (5, 9), dessen Inhalt allerdings die gänzliche Zerspaltung der Psyche des Mannes bezeichnet; »Legion« heißt auf der Subjektstufe wohl: die Psyche ist in unzählige Teile zerfallen, die Identität des Menschen muß daher nicht nur als gefährdet, sondern als zerbrochen angesehen werden.

Die Autonomie des Psychischen – mit C. G. Jung zu sprechen –, die Numinosität des kollektiven Unbewußten, tritt in der Erzählung bei der Begegnung mit Jesus am stärksten in Erscheinung (5, 6–13). Der den Menschen obsedierende Geist hat ein göttliches Wissen über Jesus, das dieser individuelle Mensch gar nicht haben kann. Damit wird die Macht des archetypischen Bildes von der Besessenheit durch einen Geist in die Nähe des Göttlichen gerückt. Zugleich aber wird der Geist des Unbewußten als machtlos gegenüber Jesus dargestellt – er bittet Jesus, ihn nicht zu quälen und ihn nicht zu vertreiben (5, 7. 10). Jesus vertritt demnach eine Macht, die der den Menschen obsedierenden Macht des autonomen Unbewußten überlegen ist. Es ist deshalb zu fragen, was die Gestalt Jesu im Rahmen der archetypischen Symbolik dieser Geschichte bedeutet.

Da von Jesus hier wenig gesagt wird, kann seine Bedeutung wohl nur im Zusammenhang mit dem Bild gefunden werden, das in der Markus-Tradition insgesamt von ihm gezeichnet wird. Auf der Objektebene erscheint da Jesus als der Mensch, an dem etwas Wesentliches anders ist als an den Menschen sonst, und das ist zu erkennen an seiner heilenden, tiefenpsychologisch gesprochen, ganzmachenden Wirkung auf die Menschen. Diese geht nicht von einem gelernten Verhalten, sondern von seiner Person aus, wie das an allen markinischen Wundergeschichten zu sehen ist. Und über seine Lehre läßt Markus die Leute sagen: »Sie waren bestürzt über seine Lehre; denn er lehrte wie einer, der Vollmacht hat« (Mk 1, 22). Jesus ist offenbar erfahren worden als ein integrierter Mensch, bei dem nicht eine psychische Seite über die andere dominierte wie bei dem Besessenen in der Geschichte, bei dem offenbar beide Seiten, die bewußte und die unbewußte, aus einem Zentrum heraus in die gleiche Richtung wirkten – daher seine Vollmacht. Mit einem uns geläufigen Begriff könnten wir sagen: Jesus wirkte authentisch in seinem Verhalten auf die Menschen. Dieses integrierte Menschsein mobilisiert bei desintegrierten Menschen, Blinden, Tauben, Gelähmten, wenn sie Jesus begegnen, Kräfte der Integration. So sind die in den Evangelien erzählten Krankenheilungen kein Hokuspokus; dabei werden vielmehr Menschen auf den Weg zu ihrer vollen Menschwerdung gebracht.

Genau das ist in der Geschichte des Besessenen von Gerasa der Fall. Wir können in ihr die Initialzündung zu einem Individuationsprozeß miterleben. Angestoßen durch ein Ereignis auf der Objektebene, durch die Begegnung mit Jesus, taucht auf der Subjektebene in der zerfallenen Psyche des Besessenen im Bilde Jesu, des ungeteilten Menschen, ein Archetypus der Ganzheit auf und gibt dem schon fast Zugrundegegangenen die Kraft, über die Mächte der eigenen Tiefe Herr zu werden – er sitzt dann bekleidet, ruhig und vernünftig da (5, 15); das Bewußtsein hat seine steuernde

Funktion wieder übernommen. Der Besessene wird von seiner Obsession frei und beginnt, ein Mensch zu werden.

In dieser Perikope wird der Individuationsprozeß allerdings in einer ambivalenten Phase vorgeführt. Die Geschichte von den Schweinen macht das deutlich (5, 11–13). Dieses Stück dürfte im Rahmen der Gesamterzählung etwa folgendes aussagen. Der von den Mächten des Unbewußten überschwemmte Mensch schafft es noch nicht, diese Mächte zu konstruktiver Wirkung an sein Bewußtsein anzubinden. Die Gefahr, definitiv von ihnen verschlungen zu werden, ist bei ihm so groß, daß er zu diesem Zeitpunkt nur die Möglichkeit hat, den bewußten Teil seiner Persönlichkeit scharf zu trennen von dem unbewußten, das heißt, die archetypischen Energien zu unterdrücken. Die Schweine, nach jüdischem Verständnis unreine Tiere, auf die die gefährlichen Energien übertragen werden, dürften ein Bild für die elementare Triebsphäre sein; und diese stürzen noch in die Tiefe und werden vom Wasser verschlungen; ein geballtes Symbol für die Rückbeförderung der archetypischen Mächte in die tiefste Schicht des Unbewußten. Ohne diese Abgrenzung seines Ich hätte der Besessene, so wie er in der Geschichte geschildert ist, gar nicht überleben können. Insofern ist dies der erste, und in diesem Fall not-wendende Schritt auf dem Weg seiner Menschwerdung. Doch ist es eine ambivalente Angelegenheit, weil das Unbewußte durch die Abkoppelung seiner Energien vom Bewußtsein noch größere Macht erlangt, die sich unversehens dem bewußten Ich gegenüber durchsetzen kann. Für den von seinen bösen Geistern zunächst einmal befreiten Menschen heißt das, daß er sich jetzt an die Arbeit machen muß, um das vorläufig abgetrennte Unbewußte der bewußten Gestaltung zuzuführen. Hält er es weiter unterdrückt, so wird er auch die anfanghaft verwirklichte menschliche Gestalt wieder verlieren. Er müßte lernen, *mit* seinen Teufeln zu leben, sie als seinen Schatten zu erkennen und zu akzeptieren. Der Zustand, in dem sich der Mensch nach der Begegnung mit

Jesus befindet, ist im besten Fall ein Zwischenstadium im Individuationsprozeß, das er durchschreiten muß; er darf darin nicht verharren. Die Schlußverse mit der Ablehnung seiner Bitte, bei Jesus bleiben zu dürfen (5, 18–20), und mit dem Verweisen Jesu auf seinen eigenen Lebensumkreis, deuten die eben genannte Konsequenz an. Der Mann darf sich nicht am Ziel eines integrierten Menschseins wähnen. Dieses Ziel verkörpert Jesus, aber bei ihm kann er nicht bleiben. Der Geheilte muß vielmehr einen Prozeß fortschreitender Bewußtwerdung versuchen; das ist wohl der Sinn davon, daß er verkündet, was ihm Großartiges widerfahren ist. Er muß es sagen, es ins Bewußtsein heben, es im alltäglichen Leben verwirklichen; nur so werden die Mächte des Unbewußten seiner Menschwerdung dienen.

Im Wort Jesu wird das, was dem Besessenen geschehen ist, als Tat Gottes gedeutet (5, 19), obwohl es ja aus der menschlichen Begegnung mit Jesus erwachsen ist. Daraus läßt sich schließen, daß in biblischer Sicht im Individuationsgeschehen religiöse Erfahrung ihren angestammten Platz hat. Sie kommt nicht unvermittelt von außen, ist vielmehr gebunden an die Offenheit zur eigenen Tiefenpsyche hin. Jesus wirkt hierbei wie ein Katalysator für die Konfrontation mit Gott im Raum der menschlichen Psyche. Wie erschreckend diese Art von Gottesbegegnung durch den und im Menschen ist, zeigen die Reaktionen der Leute, von denen in der Geschichte auch die Rede ist (5, 14–17), der Hirten und der Bewohner der Gegend. Auf der Objektebene sind Flucht (5, 14), Furcht (5, 15) und Abwehr(5, 17) die Reaktionen derjenigen, die selbst den Mächten des Unbewußten hilflos ausgeliefert sind – sie können ja mit dem Besessenen nicht menschlich umgehen wie Jesus. Sie ertragen deshalb den Exponenten eines integrierten Menschseins nicht; er konfrontiert sie zu unmittelbar mit ihrem eigenen Gespaltensein, mit ihrer beschädigten menschlichen Existenz. Da sie selbst nicht Herr sein können über ihre dunklen Möglichkeiten, ist ihnen der vermenschlichende Einfluß Jesu auf den Besessenen unheimlich. Sie erleben das Numinose, das Göttliche an ihm als Infragestellung; deshalb grenzen sie sich von ihm ab, indem sie ihn fortschicken. Auf der Subjektebene verkörpern die Leute die auch jetzt noch gespaltenen psychischen Teilbereiche des geheilten Besessenen. Unter diesem Aspekt bleibt er als die Ich-Figur der Erzählung in ambivalenter Einstellung zum ganzheitlichen Zielbild seiner Menschwerdung, das ihm in der Begegnung mit Jesus aufgegangen ist. Die Ambivalenz ist verständlich, vollzieht sich die Individuation doch in ständiger Auseinandersetzung mit autonomen und numinosen psychischen Mächten, die stärker sind als die individuelle Psyche.

Die Interpretation eines für heutige Leser so fremdartigen Textes nach dem hier vorgestellten Muster geht konsequent von der Bildstruktur des Erzählten, von ihrem Symbolcharakter aus. Es ist anzunehmen, daß auch biblische Leser bzw. Hörer des ersten Jahrhunderts einen solchen Text nicht platt konkretistisch verstanden haben, daß sie dessen Symbolgehalt aber unmittelbarer erfassen konnten als Menschen, die den Bildersturm der rationalen Aufklärung hinter sich haben und die Bildersprache der menschlichen Psyche gewissermaßen auf höherer Bewußtseinsebene erst wieder lernen müssen.

3.3 Jona – Jona 1–4

Der Einstieg in das Thema des alttestamentlichen Jonabuches soll nicht unmittelbar erfolgen, sondern über eine moderne Jonaerfahrung, die von einer Therapeutin mitgeteilt wird.

»Von einem Arzt wurde ich ins Krankenhaus gerufen. Er habe da einen jugendlichen Patienten, der an einer Überdosis Rauschgift fast zugrundegegangen wäre. Anscheinend sei der Junge aber nicht süchtig – er zeige keinerlei Entzugserscheinungen. Er sträube sich gegen eine Benachrichtigung seiner Eltern, zuletzt habe er in einer Kommune gelebt, zu der er aber anscheinend keinerlei Bindung besitze, jedenfalls habe sich von dorther niemand um ihn

gekümmert. Er sei wohl schwer depressiv, vermöge kaum Nahrung zu sich zu nehmen, läge apathisch in seinem Bett, sei kaum ansprechbar.

Als ich den einundzwanzigjährigen Patienten zum erstenmal zu Gesicht bekomme, habe ich sofort den Eindruck, daß er die Talsohle der Depression bereits hinter sich hat. Er schaut mich mit klaren Augen an, lächelt und sagt: ›Mir scheint, ich bin wieder an Land.‹ Ich erwidere: ›Wenn man so weit unten war, ist das ein tolles Gefühl, nicht wahr?‹ – ›Ja‹, sagt er, ›wissen Sie, ich war wie ein Stein, den man ins Meer geworfen hat, und ich fiel und fiel und fiel, war entsetzlich schwer und gänzlich ohnmächtig. Es war so ähnlich, als wenn ich in ein riesiges Ungeheuermaul eingesogen wurde und als wenn es vollständig ausgeschlossen sei, aus dieser Lage je gerettet zu werden. Irgendwann wurde es dann besser. Ich träumte von zu Haus, von unserem Betrieb, davon, daß ich das Unternehmen leite – und als ich aufwachte, wußte ich auf einmal, daß alles falsch gewesen war, wie es gelaufen war, daß ich einfach Quatsch gemacht hatte. Ich hatte mich gedrückt, ich war feige gewesen, war einfach davongelaufen vor dem, was für mich zu tun nötig gewesen wäre – und hatte mich noch als Held gefühlt. Na ja, Sie wollen natürlich wissen, was ich damit meine: Mein Vater hat einen ziemlich großen Verlag, in den habe ich schon viel hereingerochen. Mich hat der Laden schon immer interessiert. Mein Vater ist überhaupt nicht autoritär. Natürlich hat er gesagt, es würde ihn freuen, wenn ich sein Nachfolger würde – aber ich könnte mir aussuchen, was ich studieren wolle. Es ginge auch ohne mich.

Eigentlich hatte ich das Gefühl, daß das nicht stimmte. Mir paßte eine ganze Menge nicht an der Art, wie Vater das auswählte, was er drucken wollte. Da ging es ganz einfach oft nur um die merkantile Zweckmäßigkeit. Und die Wochenzeitschrift, die er herausgibt, ist nichts als schläfriger Trott. Da gäbe es eine Menge zu ändern, um den ganzen Mief unserer in Materialismus erstickenden Generation auszulüften. Man kann sich doch ausrechnen, daß alles kaputtgeht, wenn die Leute so weiterschlafen und nur ihr eigenes Schaf ins trockene bringen wollen. Mein Vater lachte nur, wenn ich mal davon sprach. ›Das könntest du erst beurteilen, wenn du lange genug dabeigewesen bist‹, sagte er dann. Eigentlich müßte ich mich da 'reinhängen, merkte ich – aber dann dachte ich auch wieder wütend, daß sie doch alles besser wüßten und mich ja gar nicht so recht haben wollten. Auf einmal hatte ich das Gefühl: wenn ich hier nicht zu gebrauchen bin, bin ich überhaupt unbrauchbar. Da bin ich abgehauen – weg von zu Haus', weg von der Schule. Nach 'ner Weile, als mein Geld alle war, bin ich in die Kommune gegangen.

Die Leute da hatten auch ihr bürgerliches Leben aufgegeben und machten Gelegenheitsarbeiten. Das Schlimme war, daß ich immer bedrückter wurde, morgens einfach nicht aufstand, nicht arbeitete und mich von den anderen mit durchziehen ließ. In unserer Wohngemeinschaft gab es deswegen immer häufiger Krach. Da waren 'ne ganze Menge dabei, die längst ausgeflippt waren und nur noch herumlagen. Ein paar nur zogen den Karren. Einmal kam es zu einem Riesenkrach, Windstärke zwölf, alle schrien, einige kloppten sich, Stühle gingen zu Bruch. Und dann sagten sie, ich sei an allem schuld, ich vermiese ihnen den Laden, ich wäre ihr Ruin. Und dann schmissen sie mich 'raus, setzten mich einfach vor die Tür. Das war eine verdammte Pleite, mit der bin ich nicht fertig geworden. Da hab' ich mich mit dem Stoff, den ich noch bei mir hatte, selbst auf die Reise geschickt. Das hatte ich sonst nur für die anderen organisiert. Ja, und dann fand ich mich hier im Krankenhaus wieder.«[39]

Zum Vergleich der weit über zweitausend Jahre alte Text des Jonabuches.

Jona 1, 1–4, 11

1,1 Das Wort des Herrn erging an Jona, den Sohn des Amittai: 2 Mach dich auf den Weg und geh nach Ninive, in die große Stadt, und droh ihr den Untergang an! Denn die Kunde von ihrer Schlechtigkeit ist bis zu mir heraufgedrungen. 3 Jona machte sich auf den Weg; doch er wollte nach Tarschisch (in Spanien) fliehen, weit weg vom Herrn. Er ging also nach Jafo hinab und fand dort ein Schiff, das nach Tarschisch fuhr. Er bezahlte das Fahrgeld und stieg ein, um nach Tarschisch mitzufahren, weit weg vom Herrn. 4 Aber der Herr ließ auf dem Meer einen heftigen Wind losbrechen; es entstand ein gewaltiger Seesturm, und das Schiff drohte auseinanderzubrechen. 5 Die Seeleute bekamen Angst, und jeder schrie zu seinem Gott um Hilfe. Sie warfen sogar die Ladung ins Meer, damit das Schiff leichter wurde.

Jona war in den untersten Raum des Schiffes hinabgestiegen, hatte sich hingelegt und schlief fest. 6 Der Kapitän ging zu ihm und sagte: Wie kannst du schlafen? Steh auf, ruf deinen Gott an, vielleicht denkt dieser Gott an uns, so daß wir nicht untergehen. 7 Dann sagten sie zueinander: Kommt, wir wollen das Los werfen, um zu erfahren, wer an diesem unserem Unheil schuld ist. Sie warfen das Los, und es fiel auf Jona. 8 Da fragten sie ihn: Sag uns, was treibst du für ein Gewerbe, und woher kommst du, aus welchem Land und welchem

Volk? 9 Er antwortete ihnen: Ich bin ein Hebräer und verehre Jahwe, den Gott des Himmels, der das Meer und das Festland gemacht hat. 10 Da bekamen die Männer große Angst und sagten zu ihm: Warum hast du das getan? Denn sie wußten, daß er vor Jahwe auf der Flucht war; er hatte es ihnen erzählt. 11 Und sie sagten zu ihm: Was sollen wir mit dir machen, damit das Meer sich beruhigt und uns verschont? Denn das Meer wurde immer stürmischer. 12 Jona antwortete ihnen: Nehmt mich und werft mich ins Meer, damit das Meer sich beruhigt und euch verschont. Denn ich weiß, daß dieser gewaltige Sturm durch meine Schuld über euch gekommen ist. 13 Die Männer aber ruderten mit aller Kraft, um wieder an Land zu kommen; doch sie richteten nichts aus, denn das Meer stürmte immer heftiger gegen sie an. 14 Da riefen sie zu Jahwe: Ach Herr, laß uns nicht untergehen wegen dieses Mannes, und rechne uns, was wir jetzt tun, nicht als Mord an! Denn wie du wolltest, Herr, so hast du gehandelt. 15 Dann nahmen sie Jona und warfen ihn ins Meer, und das Meer hörte auf zu toben. 16 Da ergriff die Männer große Furcht vor dem Herrn, und sie schlachteten für den Herrn ein Opfer und machten ihm viele Gelübde.

2, 1 Der Herr aber schickte einen großen Fisch, der Jona verschlang. Jona war drei Tage und drei Nächte im Bauch des Fisches, 2 und er betete im Bauch des Fisches zum Herrn, seinem Gott:
3 In meiner Not rief ich zum Herrn,
und er antwortete mir.
Aus der Tiefe der Totenwelt schrie ich um Hilfe,
und du hörtest mein Rufen.
4 Du hast mich in die Tiefe geworfen, in das Herz der Meere;
mich umschlossen die Fluten,
all deine Wellen und Wogen
schlugen über mir zusammen.
5 Ich dachte: Ich bin aus deiner Nähe verstoßen;
wann werde ich je wieder deinen heiligen Tempel erblicken?
6 Das Wasser drang mir bis an den Hals,
die Urflut umschloß mich;
Schilfgras umschlang meinen Kopf.
7 Bis zu den Wurzeln der Berge,
tief in die Erde kam ich hinab;
ihre Riegel schlossen mich ein für immer.
Doch du holtest mich lebendig aus dem Grab herauf,
Herr, mein Gott!
8 Als mir der Atem schwand, dachte ich an den Herrn;
mein Gebet drang zu dir,
zu deinem heiligen Tempel.

9 Wer nichtige Götzen verehrt,
der handelt treulos.
10 Ich aber will dir opfern
und laut dein Lob verkünden.
Was ich gelobt habe, will ich erfüllen.
Vom Herrn kommt die Rettung.
11 Da befahl der Herr dem Fisch, Jona ans Land zu speien.

3, 1 Das Wort des Herrn erging zum zweitenmal an Jona: 2 Mach
dich auf den Weg und geh nach Ninive, in die große Stadt, und droh
ihr all das an, was ich dir sagen werde. 3 Jona machte sich auf den
Weg und ging nach Ninive, wie der Herr es ihm befahl. Ninive war
eine große Stadt vor Gott; man brauchte drei Tage, um sie zu
durchqueren. 4 Jona begann, in die Stadt hineinzugehen; er ging
einen Tag lang und rief: Noch vierzig Tage, und Ninive ist zerstört!
5 Und die Leute von Ninive glaubten Gott. Sie riefen ein Fasten aus,
und alle, groß und klein, zogen Bußgewänder an. 6 Als die Nachricht
davon den König von Ninive erreichte, stand er von seinem Thron
auf, legte seinen Königsmantel ab, hüllte sich in ein Bußgewand und
setzte sich in den Staub. 7 Er ließ in Ninive ausrufen: Befehl des
Königs und seiner Großen: Alle Menschen und Tiere, Großvieh und
Kleinvieh, sollen nichts essen, nicht weiden und kein Wasser trinken.
8 Sie sollen Bußgewänder anziehen, Menschen und Tiere. Sie sollen
laut zu Gott rufen, und jeder soll umkehren und sich von seinen
bösen Taten abwenden und von dem Unrecht, das an seinen Händen
klebt. 9 Wer weiß, vielleicht kehrt dann Gott um, und es reut ihn,
und er läßt ab von seinem glühenden Zorn, so daß wir nicht
zugrunde gehen. 10 Und Gott sah ihr Verhalten; er sah, daß sie
umkehrten und sich von ihren bösen Taten abwandten. Da reute
es Gott, daß er ihnen Unheil angedroht hatte, und er führte die
Drohung nicht aus.

4, 1 Das mißfiel Jona ganz und gar, und er wurde zornig. 2 Er
betete zum Herrn und sagte: Ach Herr, habe ich das nicht schon
gesagt, als ich noch daheim war? Eben darum wollte ich ja nach
Tarschisch fliehen; denn ich wußte, daß du ein gnädiger und
barmherziger Gott bist, langmütig und voll Güte, und daß deine
Drohungen dich reuen. 3 Darum nimm mir jetzt lieber das Leben,
Herr! Denn es ist besser für mich zu sterben als zu leben. 4 Da
erwiderte der Herr: Ist es recht von dir, zornig zu sein?

5 Darauf verließ Jona die Stadt und setzte sich irgendwo östlich
von Ninive nieder. Er machte sich dort ein Laubdach und setzte sich
in seinen Schatten, um abzuwarten, was mit der Stadt geschah. 6
Da ließ Gott, der Herr, einen Rizinusstrauch über Jona
emporwachsen, der seinem Kopf Schatten geben und seinen Ärger

vertreiben sollte. Jona freute sich sehr über den Rizinusstrauch. 7 Als aber am nächsten Tag die Morgenröte heraufzog, schickte Gott einen Wurm, der den Rizinusstrauch annagte, so daß er verdorrte. 8 Und als die Sonne aufging, schickte Gott einen heißen Ostwind. Die Sonne stach Jona auf den Kopf, so daß er fast ohnmächtig wurde. Da wünschte er sich den Tod und sagte: Es ist besser für mich zu sterben als zu leben. 9 Gott aber fragte Jona: Ist es recht von dir, wegen des Rizinusstrauchs zornig zu sein? Er antwortete: Ja, es ist recht, daß ich zornig bin und mir den Tod wünsche. 10 Darauf sagte der Herr: Dir ist es leid um den Rizinusstrauch, für den du nicht gearbeitet und den du nicht großgezogen hast. Über Nacht war er da, über Nacht ist er eingegangen. 11 Mir aber sollte es nicht leid sein um Ninive, die große Stadt, in der mehr als hundertzwanzigtausend Menschen leben, die nicht einmal rechts und links unterscheiden können – und außerdem noch so viel Vieh?

In diesem Abschnitt möchte ich keine ausgeführte Interpretation des Bibeltextes geben. Vielmehr sollen anhand des Vergleichs der beiden Texte und einer Gruppenerfahrung mit dem Bibeltext im Medium des Malens Strukturelemente einer tiefenpsychologischen Interaktion mit biblischer Überlieferung aufgezeigt werden. Der Textvergleich kann am leichtesten an den Strukturähnlichkeiten anknüpfen. Sie liegen nach meiner Meinung in der Thematik sowie in der Bildsprache und dem Bildmaterial.

Soll die Thematik, die allerdings vor allem im Jonabuch viel verschlungener ist als hier aufgegriffen, auf eine Grundidee gebracht werden, so könnte sie benannt werden als Auftrag – Flucht vor der Aufgabe – Sich-Stellen – Neuanfang. Im Jonabuch ist diese Gradlinigkeit dadurch aufgehoben, daß im vierten Kapitel, nach der Rettung Ninives, das Thema in verkürzter und variierter Form, wie in einem musikalischen Werk, in der Auseinandersetzung Jonas mit Gott über die Rettung Ninives noch einmal aufgenommen, aber mit einem offenen Schluß stehengelassen wird. In der Geschichte des jungen Mannes bei Ch. Meves ist das Thema dagegen gradlinig, in aufsteigender Bewegung zu einem Höhepunkt hin durchgeführt. Der Weg, auf dem das Thema sich erfüllt, ist Regression und Progression der jeweiligen Hauptperson, das Sich-Zurücknehmen auf ein psychisches Lebensminimum, aus dem dann der Fortschritt in eine höhere Lebensganzheit möglich wird. Die Thematik aus dem Erzählten zu abstrahieren hat insofern einen Sinn, als sie in beiden Texten in sehr unterschiedlichem Lebensstoff verleiblicht und deshalb nicht ganz leicht als strukturähnlich zu erkennen ist. Der Lebensstoff ist eingefärbt von Alter und kultureller Herkunft sowie Mentalität der Erzählzeit. In der alttestamentlichen Geschichte ist die Historizität des Erzählten unwichtig, wahrscheinlich ist Jona gar nicht als historische Person gemeint. Um so wichtiger sind die mythischen Elemente: das sagenhafte Ninive, Verschlungen- und Ausgespienwerden des Jona vom Fisch; vor allem aber ist wichtig, daß das Geschehen in Gang gesetzt und gehalten wird durch die Aktion Gottes und die Reaktion des Jona. Von all diesen Elementen findet sich in der modernen Geschichte nichts. Sie ist ein Abschnitt aus einer Biographie, erhebt also Anspruch auf historische Glaubwürdigkeit, ist nüchtern erzählt im Vergleich zur Poesie des Jonabuches und wirkt in der Gradlinigkeit des Geschehens und der verwendeten Alltagssprache flacher als das eher hintergründig wirkende Jonabuch. Der junge Mann bei Ch. Meves steht nur für sich und sein individuelles Leben, während an der Person des Jona das Gottesproblem des Volkes Israel in nachexilischer Zeit – das Jonabuch ist ca. im vierten bis zweiten Jahrhundert v. Chr. entstanden – abgehandelt wird. Es geht darin um eine Frage, die sich den Israeliten aufgrund ihres Zusammentreffens mit anderen Völkern und deren Glauben stellte, um die nach der Unterscheidung ihrer Gottesvorstellung von den Gottesvorstellungen anderer Völker; näherhin darum, ob Jahwe, der Gott Israels, ein nationaler oder universaler Gott ist, ob er heilsegoistisch nur für Israel gedacht werden kann bzw. soll oder allgemeinmenschheitlich. Die Erzählung entscheidet die Frage im Sinne der Universalität Gottes, unabhängig davon, ob Völker sich dieses Gottes würdig erweisen oder nicht, wie an Ninive, dem Sündenbabel, demonstriert wird. Das Jonabuch beschreibt somit einen kollektiven Individuationsschritt auf ein Denken und Fühlen im gesamtmenschheitlichen Zusammenhang hin. Offen bleibt, ob Jona, an dessen innerer Entwicklung das Typische dieser kollektiven Selbst-Werdung veranschaulicht wird, den Schritt in die Universalität menschlichen Selbstverständnisses ganz mittut. Von all diesen überpersönlichen Zusammenhängen ist in der Geschichte von Ch. Meves nichts vorhanden. An die Stelle des Sturzes und der Neuaufrichtung eines Gottesbildes ist hier ein therapeutischer Prozeß getreten. Um so erstaunlicher ist es, daß der individuelle Prozeß dieselben Merkmale wie die biblische Erzählung mit überindividueller Bedeutung enthält. Daraus kann auf eine gemeinsame anthropologische Basis beider erzählter Vorgänge geschlossen werden. Die moderne Erzählung hat zwar nicht den großen Atem der biblischen, aber sie kann die Wahrnehmungsfähigkeit für menschliche Grunderfahrungen in der Bibel schärfen, da sie uns nicht so hohe Verstehensbarrieren entgegenstellt wie die alten Bibeltexte.

Das Gemeinsame beider Texte zeigt sich dann besonders deutlich in der zweiten Strukturähnlichkeit, in der Bildsprache und dem Bildmaterial. Diese lassen überhaupt darauf aufmerksam werden, daß es sich um vergleichbare Erfahrungen handelt. Ch. Meves' Praxisbericht wirkt von der Bildstruktur her wie eine moderne Neuerzählung der alten Jona-Geschichte. Sich deckende, emotional gefüllte Bildelemente sind folgende: sich zur Durchführung eines Auftrags gedrängt fühlen; fliehen/abhauen; in ein Unwetter mit starkem Wind geraten; hinausgeworfen werden; untergangssüchtig sein (sich ins Meer werfen lassen / sich selbst auf die Reise schicken); immer tiefer in die Meerestiefe hinunterfallen; von einem riesigen Meerestier verschlungen werden; wiederauftauchen und an Land kommen; sich neu auf den Weg machen. Den zweiten Teil der Jona-Erzählung lasse ich weg, weil es zu ihm keine Parallele in der modernen

Geschichte gibt. Die Bilder, im Zusammenhang aufgenommen, vermitteln eine starke Dynamik. Sie bilden offensichtlich durch äußere Lebensereignisse angestoßene, psychische Vorgänge ab. Die Bilderfolge hat auch Ähnlichkeit mit Märchen, in denen der Held, um ans Ziel zu gelangen, gefährliche Abenteuer zu bestehen hat, in denen Dunkles eine Rolle spielt, Wasser und Wald zum Beispiel. So gibt sich die Bildwelt des Jona-Themas als archetypisch zu erkennen, in der menschliche Urerfahrungen anschaubar werden, typische Muster der Lebensbewältigung, die bei Menschen heute ebenso zu finden sind wie vor Tausenden von Jahren, wenn das Bildmaterial auch durchaus von der historischen Epoche eingefärbt ist, wie beim vorliegenden Thema der große Krach zwischen der Hauptperson und den von deren Schicksal Mitbetroffenen: im alttestamentlichen Jona-Buch findet die Auseinandersetzung auf dem Schiff mit den Matrosen statt, in Ch. Meves' Geschichte in der Kommune mit den Mitbewohnern. Strukturell drücken die Bilder vom großen Krach gleiches aus, nämlich die innere Zerrissenheit über den eigenen Weg und das Lebensziel. Das ist eine Lebenssituation, die sich in der äußeren Welt handfest manifestiert, zugleich aber eine innere Auseinandersetzung abbildet, bei der die Menschen für die miteinander ringenden psychischen Strebungen stehen.

Das Eigentümliche der archetypischen Bildsprache läßt sich bei den beiden Fassungen des Jona-Themas gut verdeutlichen am Beispiel des Verschluckt- und Ausgespienwerdens; denn in dieser Szene sind die Jona-Geschichten fast deckungsgleich. Die moderne Geschichte gibt hier einen interpretatorischen Tip, auf welcher Ebene das erzählte Geschehen anzusiedeln ist. Der junge Mann sagt: es war *wie . . .*, so ähnlich, *als wenn . . .*, spricht also im Vergleich. Er verwendet Bilder eines real vorstellbaren Geschehens, um einen inneren, unanschaulichen Vorgang zu beschreiben. In dieser Redeweise wird das Erzählte zugleich in kritisch-rationaler Distanz gesehen. Dem Erzähler ist bewußt, daß er in Bildern redet, und dem Leser der Geschichte ist es auch bewußt; deshalb nimmt er auch keinen Anstoß an dem Erzählten. Der naiv erzählende Autor des alttestamentlichen Jona-Buches drückt eine kritische Distanz zu dem, was er erzählt, nicht aus; deshalb wird dem modernen Leser suggeriert, das erzählte Geschehen habe sich in der realen Außenwelt abgespielt; und prompt wird der Inhalt des Erzählten als unzumutbar zurückgewiesen. In Wirklichkeit macht der Autor der alten Zeit dasselbe wie der moderne junge Mann: er spricht in Bildern von einem innerpsychischen Geschehen; nur läßt er das Vergleichswort »wie« weg. Er erzählt, als habe sich die Sache mit Jona und dem großen Fisch empirisch feststellbar abgespielt; tatsächlich aber spricht er von einer urmenschlichen, einer archetypischen Erfahrung. Die tiefenpsychologische Betrachtungsweise versucht, diese aufzudecken. Wie läßt sich die erzählte Erfahrung in begriffliche Sprache übersetzen? Etwa so: Der in eine Lebenskrise geratene Jona versucht, dem für ihn notwendigen Individuationsschritt auszuweichen; er beharrt auf seinem bisherigen psychischen Status. Da aber ein starker Impuls zur Selbstwerdung, wie er bei Jona durch den Auftrag Gottes ausgelöst worden ist, als solcher schon den erreichten psychischen Status verändert, ist ein Beharren unmöglich. Wird die Entwicklung, wie von Jona, verweigert, so gibt es nur den Rückschritt. Jona regrediert in die Depression; er fällt immer weiter in die psychische Tiefe hinunter, bis er wieder eine Art psychischer Fötus geworden ist im Bauch des Fisches, im tiefsten archaisch Unbewußten. Dieser Zustand ist für den Menschen höchst gefährlich, denn um er selbst zu werden, müßte er psychisch Unbewußtes ins Bewußtsein heben und nicht umgekehrt das Bewußtsein wieder dem Unbewußten anheimfallen lassen; die Bewußtlosigkeit könnte zur bleibenden psychischen Verfassung werden, könnte den psychischen Tod bedeuten. Andererseits kann das Sich-Zurückziehen auf das psychische Existenzminimum eine Konzentration auf die psychischen Reserven bewirken, kann eine Art Neustrukturierung im Unbewußten sein, die dann dem Bewußtsein zugänglich werden kann. Das Bild von Jona im Bauch des Fisches drückt treffend diesen kritischen Zustand aus und läßt sich in die Frage fassen: Bleibt Jona ewig im Dunkel, oder gelangt er neu ins Leben? Die Fischszene endet mit der »Wiedergeburt« des Jona. Sein Aufenthalt im Bauch des Fisches gewinnt in der Rückschau daher die Qualität einer Inkubation, die dem Kräftesammeln für den Neubeginn diente. In der modernen Jona-Geschichte kommt der Inkubationscharakter des Regredierens noch deutlicher heraus: Der junge Mann ist krank, er hat sich selbst krank gemacht als letzten Ausweg aus einer versperrten Individuation; die Krankheitsphase hat den Sinn, heilende Kräfte zu stimulieren. Lesen wir die Geschichte vom mythischen Jona-Fisch, wie hier versucht, so verliert sie auch wohl für einen modernen Menschen ihre Unzumutbarkeit; denn die Bilder werden dabei in vollem Ernst als Bilder genommen. Und den psychischen Vorgang, den sie beschreiben, erlebt in irgendeiner Form wohl jeder Mensch im Laufe seines Lebens.

Eine vielleicht intensivere Wirkung als die einer interpretatorischen Übersetzung könnte von den archetypischen Bildern ausgehen, wenn wir unmittelbar mit diesen zu kommunizieren und sie auf eigene Jona-Aspekte zu beziehen vermöchten. Von einem Versuch, das in Gang zu setzen durch ein averbales Medium, möchte ich berichten. In einer Gruppe von ungefähr dreißig erwachsenen Teilnehmerinnen sollte das Jona-Thema in konkrete Bilder umgesetzt werden. Es sollte dabei nicht das Erzählte (ab-)gemalt werden, sondern der persönliche Bezug zu Jona. Zu diesem Zweck wurde nach dem Vorlesen der Geschichte als Leitidee für das Malen der Satz geprägt: »Der Jona in mir«. Die entstandenen Bilder wurden an einer Wand aufgehängt, und alle konnten sich zur Wirkung der Bilder der anderen äußern; interpretiert wurden die Bilder nicht, aber es erfolgte über das Wahrnehmen des eigenen Jona-Themas hinaus noch eine psychische Anreicherung durch die Jona-Aspekte der andern. Zwei Bildbeispiele möchte ich beschreiben. Jona im Fischbauch wurde auf einem Bild dargestellt als schwarze und tiefe, nach unten sich zunehmend verengende Schlucht, mit einem winzigen Jona auf ihrem Grund stehend, der mit der Oberwelt nur durch einen dünnen Sonnenstrahl verbunden war. Der Tiefpunkt von Jonas Krise, in dem schon die Wende sich anzeigt, hätte kaum treffender abgebildet werden können; und die Enge des eingeschränkten psychischen Zustandes ist ungemein einfühlend erfaßt. Auf einem andern Bild waren Personen, die nach Auskunft der Malerin als Ich-Figuren gedacht waren, in verschiedenen Schrittstellungen und Verhaltensweisen gemalt; sie waren in lockerer Formation hintereinander gereiht, einige berührten sich mit den Händen, so daß eine Kette entstand, und diese reichte über einen Fluß hinweg. Dieses Bild war eine einprägsame Darstellung des Individuationsprozesses, bei dem immer neue Lebensgestalten herausgebildet werden, so wie der aus dem Fisch neugeborene Jona derselbe wie vorher, aber auch ein anderer ist. Interessant war auch, daß das Meer des Jona-Buches von der Malerin als zu überquerender Fluß aufgefaßt wurde. In tiefenpsychologischer Sicht ist das ein Archetypus der Wandlung, eine Vorstellung, von der die Malerin bewußt sicher noch nichts gehört hatte. Auch in den anderen selbstgemalten Bildern kamen wie in dem beschriebenen Beispiel urbildhafte Auffassungen zum Vorschein, die wohl eine Art Vergewisserung über die eigene Selbst-Werdung bedeuteten, angeregt durch den archetypischen Gehalt der Jona-Erzählung.

Noch ein wichtiges Moment für die Rezeption von Bibeltexten heute läßt sich an den Bildern ablesen. Zu dem einzelnen Menschen in seiner jeweils konkreten Lebenssituation spricht nicht immer, womöglich nie, der Text mit allen seinen Inhalten. Auffallend war in der Gruppe, daß alle, die sich am Malen beteiligten, sich zielsicher *einen* Aspekt auswählten, zu vermuten ist, den, der gerade *ihre* gegenwärtige Jona-Problematik berührte. Es läßt sich wohl daraus folgern, daß die vollständigste Interpretation für den einzelnen nicht unbedingt die beste sein muß, daß für das Ankommen der biblischen Botschaft vielmehr entscheidend ist, wieweit die vermittelte biblische Erfahrung mit der eigenen Lebenssituation korrespondiert. Diese Korrespondenz stellt sich bei einer bildnerischen Aneignung der biblischen Aussage eventuell leichter her als bei einer verbalen, werden doch dabei die biblischen Urbilder direkt umgesetzt in eigene innere Urbilder.

Mit Blick zurück auf den Vergleich zwischen alttestamentlichem Jona-Buch und moderner Jona-Geschichte bleibt noch ein wichtiger Unterschied zu bedenken. Im Text von Ch. Meves kommt keine Instanz vor, die Gott heißt oder so genannt werden könnte. Dennoch scheint es mir auch unter religiösem Gesichtspunkt eine Strukturähnlichkeit zu geben: Der junge Mann hat seine Krise überwunden, indem er seine Lebensaufgabe annimmt, Jona überwindet die Krise, indem er Gottes Auftrag erfüllt, und dies ist die Voraussetzung dafür, daß sein zu begrenztes Gottesbild sich wandelt. Beide finden auf je ihrem Wege zu sich selbst. Beide hätten sich selbst verfehlt, wenn sie sich auf ihre Lebensaufgabe nicht eingelassen hätten. Strukturgleich ist in beiden Erzählungen der Impuls, sich zu wandeln und den Lebenssinn zu erfüllen durch Übernahme der als unausweichlich erfahrenen Lebensaufgabe. Bei beiden geht der Individuationsprozeß nicht auf einen bewußt gefaßten Entschluß zurück. Die entscheidende Veränderung geschieht beide Male in einem psychischen Ohnmachtszustand, in dem die Personen bewußt nichts steuern können: Der junge Mann ist auf einem Trip, Jona im psychischen Embryonalzustand im Fischbauch, die Wende erfolgt bei beiden in der tiefsten Depression. Dieser Zustand ruft transpersonale Kräfte auf den Plan aus einem Jenseits des wachen Bewußtseins. Für beide läßt sich daher sagen: Das Vermögen, sich gegen alle inneren Widerstände auf den Weg des Selbst-Werdens zu machen, kommt aus der menschlichen Bewußtseins-Transzendenz. Wenn der moderne Mensch diese nicht mehr mit Gott in Zusammenhang bringt, so ist Gott deswegen nicht aus dem Spiel. Möglicherweise hat die enge Bindung Gottes in der christlichen Tradition an das kosmische »Oben« des antiken Weltbildes mitverursacht, daß Gott, nach dem Verschwinden des »Oben« im Weltbild, nur schwer mit anderen, nämlich anthropologischen Bereichen, mit denen von »unten«, in Verbindung gebracht wird, z. B. mit den Innenräumen der menschlichen Psyche, die in unser modernes Welt- und Menschenbild passen[40]. Der »moderne Jona« zeigt insofern anschaulich etwas von dem, was in der Gegenwartstheologie die »anthropologische Wende« genannt wird. Diese ist nicht einfach areligiös; der junge Mann bei Ch. Meves macht, aus theologischer Sicht, eine religiöse Urerfahrung, ohne sie so zu nennen. Wichtig scheint mir zu sein, die Strukturgleichheit zu sehen zwischen religiösen Erfahrungen bzw. Gotteserfahrungen, wie die Bibel sie vermittelt, und existentiellen Erfahrungen heutiger Menschen. Die beiden verglichenen Texte können dafür als Beispiel genommen werden.

4. Symbole der Transzendenz

Transzendenz ist ein Begriff mit religiösem Umfeld. Daß von ihr in der Bibel die Rede ist, versteht sich von selbst. Die Frage ist nur, was darunter näherhin zu verstehen ist. Transzendenz theologisch traditionell zu erklären mit Geoffenbartem oder der jenseitigen Wirklichkeit Gottes gibt für das Verstehen heute nicht allzuviel her. Dazu bedarf es der Vermittlung des gemeinten Sachverhalts in die anthropologische Wirklichkeit. Tiefenpsychologisch bietet sich hier eine Verstehensmöglichkeit an. Sie wird zunächst kurz theoretisch erläutert. Mit ihrer Hilfe können biblische Transzendenz-Aussagen eventuell leichter, vor allem aber genauer verstanden werden.

4.1 Relative und absolute Transzendenz

Als anthropologischer, nicht theologischer Grundbegriff ist Transzendenz auf die psychische Innenseite von menschlichen Entwicklungsprozessen bezogen. Diese entfalten sich auf mögliche, aber nicht bzw. noch nicht verwirklichte Lebensformen hin. Menschwerden vollzieht sich im ständigen Überschreiten, im Transzendieren eines vorhandenen Entwicklungsstandes auf einen neuen hin. In diesem Sinne ist der Mensch, schon biologisch gesehen, ein transzendierendes Wesen, ist er doch von der Natur dazu gezwungen, verschiedene Lebensphasen zu durchlaufen. Da an die biologische Entwicklung auch die psychisch-soziale gebunden ist und diese sich nicht automatisch wie die körperliche vollzieht, muß der Mensch sein Transzendieren gestalten, will er nicht in seiner Menschwerdung fragmentarisch bleiben oder verkümmern[41]. Auf einer ersten Verstehensstufe ist Transzendenz somit zu sehen als die

Notwendigkeit und Fähigkeit des Menschen, sich zu wandeln und dabei eine psychisch höhere oder vollere Existenzform zu gewinnen. Diese Transzendenz ist eine Art natürlicher Begabung sowohl von Individuen als auch von Gruppen bis hin zu Völkern, ja der Menschheit als ganzer. Die Bibel tradiert eine Fülle solcher Transzendenz-Erfahrungen und -Vorstellungen in Bildergeschichten oder Bildern von einer »jenseitigen« Wirklichkeit: Abraham verläßt sein gewohntes Leben, um in das unbekannte Land zu ziehen (Gen 12); die aus Ägyten ausgewanderten Israeliten haben als Ziel das »Land, das von Milch und Honig fließt« (Ex 3, 8; Dtn 6, 3 u. ö.), vor Augen; die Jünger geben ihr graues Alltagsleben auf und schließen sich Jesus an in der Hoffnung, die Heilszeit mit heraufzuführen; und vor allem Jesus selbst verkündet und lebt dauernde Transzendenz, am dichtesten zusammengefaßt in seiner Botschaft vom Reich Gottes. Tiefenpsychologisch betrachtet, schimmern in diesen Geschichten, die von äußeren Vorgängen erzählen, Bilder von einem besseren Leben und einer besseren Welt durch. Es sind archetypische Bilder, die gegenüber der empirischen Wirklichkeit einen Bedeutungs- oder Sinnüberschuß haben; so ist das Gelobte Land Palästina ›realiter‹ eher unfruchtbar, und Milch und Honig sind nur als Ergebnis härtester Arbeit von ihm zu haben; dennoch ist es geradezu zum Inbild erfüllten Lebens geworden. Bei solchen Bildern handelt es sich um Symbole einer transzendenten Wirklichkeit. Jeder Mensch entwirft während seines Lebens viele solcher Bilder; vordergründig mögen sie oft banale Ziele enthalten, aus ihrem Hintergrund leuchtet aber meistens eine Sehnsucht nach Größerem auf. Solche aus der unbewußten Psyche stammenden Symbole bringen Menschen immer wieder auf den Weg. Werden die Mühen zu ihrer Realisierung nicht auf die äußere Lebenssituation, die familiäre, berufliche, gesellschaftliche, gewandt, sondern auch auf den Fortschritt der psychischen Einstellung, so geschieht Transzendenz im Sinne von Individuation oder Selbst-Verwirklichung, nämlich als Öffnung und Bereicherung der psychisch beschränkten Bewußtseinsposition durch dynamische Inhalte des Unbewußten. Dieser Prozeß des Sich-selbst-Überschreitens bleibt für den Menschen grundsätzlich unabgeschlossen bzw. muß sich immer weiter fortsetzen, da der Mensch nie sagen kann, er habe sich ganz verwirklicht, er habe sein Selbst erreicht; nicht einmal im Tod ist das möglich. Deshalb handelt es sich bei dieser gewissermaßen naturnotwendigen Transzendenz um eine relative. Auch ihr möchte ich schon religiöse Qualität beimessen; denn sowohl das Transzendieren als auch die dabei erstrebten transzendenten Ziele sind auf etwas Letztgültiges, ein höchstes Ziel bezogen, das auch beim Scheitern in der relativen Transzendenz immer wieder zu neuem Aufbruch nötigt.

In der Bibel zeigt sich das darin, daß die empirisch nicht zu realisierenden Urbilder nicht aufgegeben, sondern in jeweils tieferen Zusammenhängen erfahren werden: Abraham gerät nach seinem Aufbruch in die Wüste, aber er baut Altäre, Zeichen der Nähe Gottes auch im menschenfeindlichen Land; das verheißene Land bleibt durch die ganze Geschichte des biblischen Israel hindurch das Urbild seiner Selbstverwirklichung als Volk, auch als es durch Großmächte verwüstet und verlorengegangen ist; die in ihrer Hoffnung auf Jesus enttäuschten Jünger sammeln sich nach Ostern zur Gemeinde mit der Erfahrung des Gekreuzigten als des Lebendigen in ihrer Mitte; dem, historisch gesehen, am Galgen gescheiterten Jesus wird in der Auferstehung vollendetes Leben zuteil. Diese Urbilder sind in der Bibel rückgebunden an Gott, die absolute Transzendenz und den absolut Transzendenten; in ihm fallen Weg und Ziel zusammen. Innerpsychisch ist die absolute Transzendenz repräsentiert durch den Archetypus des Selbst. Er ist gewissermaßen das Organ, mit dem der Mensch so etwas wie eine Vollendung von Mensch und Welt jenseits der Geschichte erfaßt, und zwar gegen den Augenschein der tatsächlichen Verfaßtheit der geschichtlichen Welt. Biblisch ist dies Glaube, ausgesprochen z. B. im Urbild vom Reich Gottes, in dem relative und absolute Transzendenz sich berühren. Das Reich Gottes kommt im strikten Sinn von Gott und verlangt doch die ganze Arbeit des Menschen an der Wandlung seiner selbst und seiner Welt. Für den Bereich menschlichen Lebensvollzugs ist das dichteste Symbol von Transzendenz die Person Jesu. In ihr durchdringen sich relative und absolute Transzendenz in einem konkreten Menschen, der Archetypus des Selbst hat in ihm menschliche Gestalt gewonnen. Jesus hat ein menschliches Leben gelebt im Raum der Geschichte, sich selbst immer wieder transzendierend auf eine bewußte psychische Ganzheit hin – die Evangelien lassen durchaus Kämpfe Jesu um dieses Ziel erkennen, z. B. in der Versuchungs- und Ölbergszene, beim Petrusbekenntnis bei Cäsarea Philippi; und im Auferstandenen ist die absolute Transzendenz von diesem Menschen erreicht. Die wenn auch späten Erscheinungserzählungen vom Auferstandenen machen diese Verbindung ganz deutlich: er ist als der historische, gekreuzigte Jesus zu erkennen – mit den Wundmalen; er ißt und spricht mit den Jüngern – und erscheint zugleich als geschichtstranszendent wie Gott, nicht gebunden an raumzeitliche Begrenzung; er bringt sich plötzlich zur Wahrnehmung, erscheint und verschwindet ebenso, Türen sind kein Hindernis. Diese Verbindung von konkretem geschichtlichen Menschsein und möglicher, vollendeter, transgeschichtlicher Identität – die theologisch gesprochen göttlich ist – ist in christlicher Tradition *das* Urbild für die Selbstwerdung des Menschen.

4.2 Einzelsymbole der Transzendenz
– Baum, Licht

In der Bibel sind all die urmenschlichen Transzendenz-Symbole enthalten, die auch in den Traditionen anderer Völker und Religionen vorkommen. Es ist dabei besonders an Einzelsymbole zu denken, die in verschiedenen Erzählzusammenhängen auftauchen, je nach dem Lebenskontext oder dem Erfahrungshintergrund, in den sie gestellt sind. Zu solchen Ursymbolen in der Bibel gehört das Wasser, das in so verschiedenen Zusammenhängen steht wie der Schöpfungs- und Sintflutgeschichte (Genesis), dem Durchzug durchs Schilfmeer (Exodus), der Taufe Jesu (Evangelien), der Verwandlung von Wasser in Wein (Johannes), der Fußwaschung (Johannes) und dem Händewaschen des Pilatus im Prozeß Jesu (Mattäus). Auch die Wüste, das Licht, die Stadt sind solche archetypischen Symbole. Für die Einübung in das Verstehen biblischer Urbilder können sich solche Einzelsymbole gut eignen, da sie in unmittelbare Korrespondenz zu vergleichbaren Symbolen unserer eigenen Psyche treten können; stellen sie doch so etwas wie die Elementarsprache des kollektiven Unbewußten dar, die von jedem Menschen verstanden werden kann.

Wie solcher Zugang zu den biblischen Symbolen aussehen kann, will ich an zwei Beispielen aus der Praxis beschreiben. Es handelt sich beide Male um die Methode der aktiven Imagination, bei der die biblischen Symbole die Bilder der eigenen Psyche gewissermaßen erwecken. Es ist ein meditatives Vorgehen, das Körperentspannung braucht, nach der Grundregel, daß Muskelspannungen auch die Seele einschnüren und sie in ihrer Produktivität behindern. Insofern ist es für Ungeübte günstig, diese Methode mit Anleitung zu lernen, am besten in einer Gruppe; für den etwas Geübten ist sie allein anwendbar. Bei dem ersten zu berichtenden Beispiel wurde ein Text aus dem alttestamentlichen Danielbuch zugrundegelegt, in dem ein Traum des babylonischen Königs Nebukadnezzar erzählt und von dem dort im Exil lebenden Israeliten Daniel gedeutet wird. Wegen der Länge des Textes gebe ich ihn zusammengefaßt wieder. Nebukadnezzar sieht in seinem Traum einen Baum, der mitten auf der Erde steht, bis an den Himmel reicht und bis ans Ende der Erde zu sehen ist; der schließlich gefällt, von dem aber ein Stumpf mit dem Wurzelstock in der Erde belassen wird. Von der Deutung des Traumes ist der Schlüsselsatz am wichtigsten: »Dieser Baum, König, bist du« (Dan 4). In einer Gruppe wurde der ganze Text vorgelesen, ohne Erläuterungen. Für die Imagination ist dann das Erzählte umzusetzen in eine Ich-Aussage, da das biblische Bild ja in der eigenen Psyche wirksam werden soll. In diesem Fall lautete das Ich-Symbol: »Ich bin der Baum, der die Welt ausfüllt.« Zu diesem Satz sollen während der Imagination alle inneren Bilder, die sich von selbst einstellen, zugelassen werden. Die Übung, die im Liegen begann, im Stehen und Laufen fortgesetzt wurde, ergab sehr unterschiedliche, zum Teil gegensätzliche Erfahrungen mit dem gleichen biblischen Symbol. An zwei Berichten aus der Nachbesprechung sei das verdeutlicht. Eine Teilnehmerin erlebte sich beim Aufrichten vom Liegen zum Stehen als mit dem imaginierten Baum identisch werden; ihre Füße setzten sich als Wurzeln in die Erde fort, aus den ausgestreckten Armen wuchsen die Blätter; sie erlebte sich als der große, sich ausbreitende, fest verwurzelte Baum. Dieses in der eigenen unbewußten Psyche lebendige, durch die Imagination nur ins Bewußtsein geholte Bild vermittelte ihr das Gefühl, ein Teil der Schöpfung zu sein, zu einem größeren Ganzen, als sie selbst ist, zu gehören, in diesem verwurzelt zu sein und darin Entfaltungsmöglichkeiten zu haben.

Eine andere Teilnehmerin bemühte sich dagegen, den schönen großen Baum aus der Danielgeschichte im Bild festzuhalten, aber es gelang ihr nicht. Der nach dem Abschlagen übriggebliebene Stumpf drängte sich vor, und mit diesem erlebte sie sich identisch. Nach ihrer Darstellung machte sie in der Imagination einen regelrechten Prozeß durch vom anfänglichen heftigen Abwehren des Nur-ein-Stumpf-Sein über das allmähliche Annehmen: ja, das bin ich jetzt, bis zur Hoffnung: es wird auch wieder etwas aus dem Stumpf sprießen, denn er hat ja noch seine Wurzeln in der Erde. Die beiden Erfahrungen sind konträr und strukturell doch von ähnlicher Art. Im ersten Fall wurde die Erfahrung von der Ausweitung der eigenen Grenzen gemacht – der Baum wurde zum unmittelbar einsichtigen Transzendenz-Symbol. Im zweiten Fall wurde mit dem Sich-Einfühlen in das biblische Symbol die schmerzliche Erfahrung eigener Grenzen gemacht, aber zugleich auch geöffnet in der erfahrenen Hoffnung auf späteres neues Wachsen. Auch dies ist eine Transzendenz-Erfahrung; denn ohne die Einsicht in die eigenen Grenzen, ohne diese zu erfühlen, kann ihr Überschreiten nicht erfahren werden.

Das zweite Beispiel hatte einen neutestamentlichen Text zur Grundlage, das kurze Gleichnis: »Ihr seid das Licht der Welt . . .« (Mt 5, 14 ff), das in der Bergpredigt zwischen den Seligpreisungen und den Antithesen steht. Das Ich-Symbol für die Übung lautete: »Ich bin das Licht der Welt.« Der Bezug auf mich selbst bringt das Anstößige, ja Anmaßende des Bibelwortes erst richtig zum Vorschein. In der Gruppe stellte sich bei der Besprechung der Imagination allerdings heraus, daß die meisten Teilnehmer Schwierigkeiten hatten, sich als Licht zu fühlen; die Beziehungen zum Urbild »Licht« erwiesen sich als eher problematisch. Ein Zeichen dafür, daß das Dunkel des Unbewußten sehr mächtig ist? Bei der Imagination wurde das biblische Symbol sozusagen in die Dimension menschlicher Begrenztheit gerückt. An einem Beispiel sei das demonstriert. Eine Teilnehmerin sah sich zunächst als große rote Sonne, die allen Licht und Wärme spendete und bei ihr selbst ein Wohlgefühl verbreitete. Dann schrumpfte die Sonne, verbunden mit Gefühlen des Unbehagens und der Angst, zu einem Häufchen glimmender Asche. Als die Angst, das Feuer könne ganz ausgehen, sehr groß wurde, warf jemand Holzscheite ins Feuer, und es brannte weiter; das wiederholte sich. Die Teilnehmerin beschrieb ihre Selbsterfahrung so: sie hatte geglaubt, sie sei eine strahlende und wärmende Sonne für andere; nun sah sie, daß sie selbst auf Hilfe angewiesen war, um wenigstens als kleines Feuer brennen zu können; wiederum eine Transzendenz-Erfahrung durch die Einsicht in die eigenen Grenzen.

Ein anderes Beispiel. Als Abschluß einer längeren Bildersequenz zur Licht-Imagination sah und fühlte ein Mann eine brennende Kerze aus seinem Bauch wachsen. Das ist ein vieldeutiges Symbol und kann sicher nur von dem, der es selbst erlebt hat, im Kontext seines eigenen Lebens richtig verstanden werden[42]. Aber es sagt auch dem Betrachter von draußen etwas über den engen Zusammenhang von psychischer Aktivität, Körpererfahrung und Ich-Befindlichkeit, deren Zusammenspiel eine Voraussetzung für Transzendenz-Erfahrungen ist.

Einige Einsichten ergeben sich aus solchem Umgang mit biblischen Urbildern. Die Bibel bietet uns Bilder aus dem kollektiven Unbewußten, die in uns selbst lebendig sind. Umgang mit den biblischen Urbildern kann uns daher Zugang zu unseren eigenen Urbildern ermöglichen und uns damit um (Er-)Lebensmöglichkeiten bereichern, die in unserer Tiefenpsyche bereitliegen, aber häufig dort auch brachliegen. Da die biblischen Urbilder als Zeugen menschheitlicher Erfahrung durch die Aufnahme in die christliche Tradition normierende Kraft erlangt haben, geben sie uns auch einen Maßstab zur Beurteilung für die in unseren archetypischen Bildern verdichtete Wirklichkeit. Es muß dabei gar nicht dezidiert von religiösen Kategorien die Rede sein, wie die berichteten Beispiele zeigen; die Bibel spricht in weiten Partien von solchen auch nicht. Dennoch ist im Produzieren (Imagination) und Vermitteln (Bibel) von Urbildern der Menschwerdung Religiöses als Transzendenz-Erfahrung stets anwesend. Und tiefenpsychologisch betrachtet, wird das Religiöse bzw. der Glaube der Bibel nur dann auch bei uns heute lebendig, wenn menschliches Transzendieren geschieht.

Die allgemein-menschlichen Transzendenz-Symbole erscheinen in der Bibel nun auch in spezifisch christlicher Thematik. Was diese Verbindung tiefenpsychologisch zu erkennen gibt, möchte ich im folgenden Abschnitt erörtern.

4.3 Epiphaniegeschichten als kollektive Transzendenz-Erfahrung
Beispiel: Seewandel Jesu – Mattäus 14

In den Evangelien gibt es Erzählungen, in denen Jesus unzweifelhaft nicht mehr als historische Person gesehen wird, nicht mehr als Mensch mit einer einmaligen Lebensgeschichte, wie jeder von uns erscheint, ausgespannt zwischen Geborenwerden und Sterben, sondern in einer der irdisch-vergänglichen, gleichsam entrückten Existenzform, in der er aber gerade den hinter der Außenseite der empirischen Phänomene verborgenen Sinn unserer historischen und naturhaften Welt aufleuchten läßt. Auftreten und Sprechen des johanneischen Christus haben durchweg diesen Charakter des Andersartigen, während in den synoptischen Evangelien die geschichtsentrückte Existenz Jesu nur punktuell erscheint: vor allem in den Erzählungen von den Erscheinungen des Auferstandenen, dann in den Geschichten von der Beherrschung naturhafter Urgewalten, von der Stillung des Seesturms und dem Gehen über das Wasser, sodann in der Erzählung von einer leibhaftigen Verwandlung Jesu, der Verklärung. Zwar deutet sich auch in manchen Heilungsgeschichten ein ähnlicher Zug an, in den Exorzismen zum Beispiel; aber in den zuvor erwähnten Texten erscheint die hoheitsvolle Andersartigkeit Jesu nicht nur beiläufig, sie ist vielmehr zum Thema der jeweiligen Geschichte erhoben und läßt deshalb auf eine bestimmte Erzählabsicht schließen.

In früheren Zeiten konnte es sich die Interpretation solcher Evangelienperikopen verhältnismäßig leichtmachen, indem sie sagte, hier breche das in der Auferstehung endgültig sichtbar werdende, wahre göttliche Wesen Jesu schon in seinem irdischen Leben durch. Theologisch gesehen, ist dies eine quasi-inkarnatorische Betrachtungsweise, bei der das Menschsein Jesu als eine Art Verkleidung oder Umhüllung seiner Göttlichkeit verstanden wird, die in seinem irdischen Dasein ab und zu aufreißt und am Ende in Auferstehung und Himmelfahrt, der Rückkehr in seine offenbare göttliche Existenz, gänzlich abfällt. Von einer menschlichen Entwicklung, die Jesus einen von uns sein läßt, kann in diesem Konzept ernsthaft nicht die Rede sein. Dieses Interpretationsmuster entspricht auch keineswegs der traditionsgeschichtlichen Entwicklung mindestens des synoptischen Materials. Die Hoheitsaussagen über Jesus, wie die Titel »Christus«, »Sohn Gottes« u. a., sind erst in späteren Stadien der Traditionsbildung gemacht worden. Und die Erzählungen von der Verwandlung des historischen Jesus in eine hoheitsvolle Jenseitsgestalt sind gewissermaßen Illustrationen solcher Hoheitsworte oder -prädikate[43]. Christen des ersten Jahrhunderts haben im Laufe der Zeit solche Hoheitsbilder von Jesus entworfen und darin auszusprechen versucht, welche Bedeutung der irdische, aber jederzeit gegenwärtige Jesus für sie, ihr Leben und ihre Geschichte hat. Theologisch handelt es sich daher um Geschichten, die das Ergebnis eines Glaubensprozesses in der frühen Kirche abbilden, der Form nach um Offenbarungs- oder Epiphaniegeschichten nach dem Muster alttestamentlicher Theophaniegeschichten. Werden diese nun als Geschichten von einer Selbstdarstellung oder gar Selbstenthüllung des historischen Jesus gelesen, so sinkt ihr Inhalt zu einem unglaubwürdigen Mirakel herab und wir können heute kaum noch etwas mit ihnen anfangen.

Die bisherigen Überlegungen zum Verständnis der Epiphaniegeschichten bewegen sich, tiefenpsychologisch betrachtet, ganz auf der Objektebene, das heißt, sie lassen das Erzählte oder Dargestellte in einem Draußen zur menschlichen Psyche. Der zuvor beschriebene Traditionsprozeß selbst legt es aber nahe, in den Epiphanie-Erzählungen Ent-Hüllungen von psychischen Vorgängen zu sehen, wie sie in der Ursprungszeit des christlichen Glaubens, einer psychisch bewegten Zeit, bei Gruppen von Menschen abgelaufen sind. Ihr Ursprungsort ist also nicht ein objektives Draußen, sondern der subjektive psychische Innenraum. Das gilt bei diesem Teil der Jesus-Tradition noch mehr als bei anderen Teilen, die mehr historisches, also objektiv registrierbares Material enthalten. Da die Epiphanie-Geschichten in die Evangelien, das heißt in das offizielle Gründungsdokument des Glaubens der Kirche, gelangt sind, drücken sie etwas kollektiv Verbindliches von diesem Glauben und der ihm zugrundeliegenden Erfahrung aus, und zwar in Bildern, die damals Allgemeingut waren und deshalb von allen verstanden werden konnten. Eine tiefenpsychologische Interpretation muß somit bei den Epiphanie-Erzählungen an zwei Punkten ansetzen, daran, daß sie ein kollektiv entworfenes Jesusbild darbieten, und daran, daß sie Abbild eines innerpsychischen Geschehens sind, das in Bildern nach draußen geworfen, das projiziert ist[44]. Ein Beispiel soll nun, exemplarisch für die Epiphanie-Geschichten, tiefenpsychologisch ausgelegt werden.

Mattäus 14, 22–33 (= Markus 6, 45–52)

22 Gleich darauf forderte er die Jünger auf, ins Boot zu steigen und an das andere Ufer vorauszufahren. Inzwischen wollte er das Volk wegschicken. 23 Nachdem er das getan hatte, stieg er auf einen Berg, um in der Einsamkeit zu beten. Als die Nacht hereinbrach, war er immer noch dort. 24 Das Boot aber war schon viele Stadien vom Land entfernt und wurde von den Wellen hin und her geworfen; denn sie hatten Gegenwind. 25 In der vierten Nachtwache kam Jesus zu ihnen; er ging auf dem Wasser. 26 Als ihn die Jünger über den See kommen sahen, erschraken sie, weil sie meinten, es sei ein Gespenst, und sie schrien vor Angst. 27 Doch Jesus sagte zu ihnen:

Habt Vertrauen; ich bin es, habt keine Angst! 28 Darauf sagte Petrus zu ihm: Herr, wenn du es bist, so befiehl, daß ich auf dem Wasser zu dir komme. 29 Jesus rief: Komm! Da stieg Petrus aus dem Boot und ging über das Wasser auf Jesus zu. 30 Als er aber sah, wie heftig der Wind war, bekam er Angst und begann unterzugehen. Er schrie: Herr, rette mich! 31 Jesus streckte sofort die Hand aus, ergriff ihn und sagte zu ihm: Du Kleingläubiger, warum hast du gezweifelt? 32 Und als sie ins Boot gestiegen waren, legte sich der Wind. 33 Die Jünger im Boot aber fielen vor Jesus nieder und sagten: Wahrhaftig, du bist Gottes Sohn.

Ich wähle die um das Motiv des aus dem Boot steigenden Petrus erweiterte Variante des Mattäus, weil in ihr die bei Markus vorhandenen Ansätze verdeutlicht sind und das erzählte Geschehen eine Wendung zum Gelingen eines Schrittes in der psychischen Integration erhalten hat; bei Markus erscheint dasselbe Geschehen vom Ende her als ein nutzlos vertaner Versuch. Auch wenn die Veränderungen an der Oberflächenstruktur des Erzählten unter einer bewußten theologischen Zielsetzung erfolgt sind, was bei Mattäus vorausgesetzt werden kann, so enthalten sie erstaunlicherweise auch eine Folgerichtigkeit in der Tiefenstruktur, ein Zeichen dafür, daß es im Bereich unbewußter psychischer Vorgänge keine Willkür gibt. Um das Aufdecken dieser Tiefenstruktur in der mattäischen Erzählvariante geht es im folgenden.

Die Geschichte setzt ein mit einer Bewegung, dem Beginn der Fahrt über den See. Hier tritt in charakteristischer Gestalt ein Archetypus der Wandlung in Erscheinung. Erzählte Übergangssituationen über Wasser haben häufig die Bedeutung, daß in der unbewußten Psyche (Wasser) sich eine Veränderung ankündigt, psychische Energie in Bewegung gerät und zur bewußten Realisierung drängt – vergleiche im Alten Testament den Durchzug durchs Schilfmeer, den Geist Gottes über dem Urmeer in der Schöpfungsgeschichte; Wasser als Weg und Trennung in Märchen und Volksliedern, wie z. B. in »Es waren zwei Königskinder«. Das archetypische Bild zeigt den Beginn oder einen weiteren

Schritt der Individuation, der Selbst-Verwirklichung an. Dieser Anfang ist allerdings durchaus ambivalent; ob er zu einem guten Ende gelangt, ist offen, wie der Erzähleingang unserer Geschichte zeigt – die Jünger werden *genötigt* loszufahren (14, 22). Es scheint, daß sie es nicht aus freien Stücken tun, sie erliegen mehr einem auf sie ausgeübten Zwang. Tiefenpsychologisch kommt dieser Zwang von innen. Er kann verstanden werden als die Erfahrung von der unausweichlichen Notwendigkeit, die gegenwärtige Einstellung und damit die Lebenssituation im Sinne eines Entwicklungsfortschritts zu verändern. Solch ein gefühlter innerer Drang löst nicht einfach Freude aus, denn er stellt in jedem Fall den psychischen, oftmals auch den gesellschaftlich-sozialen Lebensstatus in Frage; der alte könnte nur um den Preis einer inneren Verfestigung gehalten werden, ein neuer ist noch nicht in Sicht. Unsicherheit, Hin- und Hergerissensein, innere Isolierung sind daher die normalen Auswirkungen dieser psychischen Konstellation. Den Jüngern, die in der Geschichte die Position eines kollektiven Ich darstellen, geht es genauso. Der Rückzug von der Volksmenge (14, 22 f) zeigt auf der Subjektstufe das Zurückholen der nach draußen verzettelten psychischen Aufmerksamkeit zur Sammlung auf das innere Geschehen an. Die psychischen Energien regredieren nach innen, denn der sich ankündigende Prozeß bedarf aller Kräfte. Die Bedeutung der Trennung vom Volk auf der Objektstufe bildet die Voraussetzung für die Änderung der inneren Einstellung. Die Jünger, die aus der Sicht des Evangelienautors wohl auch für die Gemeinde stehen, werden nicht aus heiterem Himmel mit dem »anderen« in Jesus konfrontiert. Sie haben, anders als das Volk, das Jesus dumpf getrieben nachläuft – vergleiche die vorangehende Perikope von der Speisung der Fünftausend (14, 13–21) –, sich bewußt für das Leben mit Jesus entschieden. Sie haben Vorerfahrungen mit ihm, und das schafft die Bereitschaft und Fähigkeit zu einer neuartigen Begegnung. Auf die Subjektebene wirken die objektiven

Gegebenheiten insofern ein, als ein neuer Individuationsschritt lebensgeschichtliche Voraussetzungen hat oder
zumindest auf die Bedingungen des äußeren Lebens bezogen
ist. In diesem Zusammenhang ist es z. B. aufschlußreich, daß
Epiphanien in den Evangelien nur Jüngern bzw. bei den
Erscheinungen des Auferstandenen schon Glaubenden zuteil
werden. Es sind die »Eingeweihten«, die bereit und fähig
sind, sich auf tiefere und umfassendere Erfahrungen
einzulassen. So betrachtet, stellt die Erzählung vom
Seewandel Jesu nicht den Einstieg in einen Individuationsprozeß dar, sondern im wörtlichen Sinn einen Fort-Schritt.

Wie sehr die Loslösung vom Draußen, von den objektiven
Gegenbenheiten des Lebens, notwendig ist für eine
Neustrukturierung der psychischen Kräfte, deutet die
Geschichte mit dem Verlegen des Geschehens auf den Abend
an (14, 23). Es *wird* Abend, während die Jünger auf den See
hinausfahren; es ist die Zeit des Zwielichts, der Dämmerung,
in der die bewußte Aufmerksamkeit für die Dinge des Tages
leichter nachläßt und die unbewußten Regungen eine größere
Chance haben, ins Licht des Bewußtseins zu gelangen, als im
harten Licht des Tagesbewußtseins. Im Zwielicht ver-
schwimmt die Grenze zwischen hellem Bewußtsein und
dunklem Unbewußten; und das wird zu einer unheimlichen
Situation. Die Jünger sehen sich Mächten ausgeliefert, denen
sie mit ihren Ich-Kräften nicht gewachsen sind – Gegenwind,
hoher Wellengang, das Gespenst auf dem dunklen Wasser[45].
Eine derartige Symbolik findet sich nicht nur in der Bibel,
sondern in mythischen Überlieferungen, in Märchen und
Sagen vieler Völker. Sie spricht offenbar ein existentielles,
durch Zeiten und Kulturen hindurch konstantes anthropo-
logisches Thema an. Es läßt sich umschreiben als das Ringen
des Menschen um höhere Bewußtwerdung durch Einbezie-
hen von Inhalten des Unbewußten. Der Kampf der Jünger
in der Nacht auf dem aufgewühlten See hat eine ähnliche
Funktion wie unsere Träume: die häufig einseitige und
dadurch verarmte, nach außen fixierte Tagespsyche ihrer

dunklen, aber schöpferischen Kehrseite ansichtig werden und sich von ihr bereichern zu lassen. Das angsterfüllte Schreien der Jünger über das Gespenst macht aber klar, daß sie dabei eine schreckenerregende Erfahrung machen, daß sie sich bedroht sehen, als sie der eigenen, unbekannten inneren Mächte in personhaft werdender Gestalt ansichtig werden. Das Gespenst (14, 26), das nur personhafte Umrisse hat, verliert seine Gefährlichkeit, wenn es voll personhaft wird, ein Gesicht bekommt, das heißt, wenn es als Teil der unbewußten Psyche in die bewußte Person hineingeholt wird. Im Sehen des Gespenstes ist ein Projektionsvorgang dargestellt, der bei den Jüngern eintritt, weil ein Inhalt ihrer unbewußten Psyche ins Bewußtsein aufgenommen werden will. Um diesen Inhalt wahrzunehmen, muß er zunächst projiziert werden; das ist eine Notwendigkeit bei jedem Individuationsgeschehen. Da die unbewußten psychischen Inhalte Teil unserer menschlichen Subjektivität sind, können wir ihnen nicht gegenübertreten, um sie wahrzunehmen. Im projizierten Zustand, das heißt, wenn sie in ein von der Psyche entworfenes Bild nach draußen gestellt werden – dieses Bild kann auch an einen realen Menschen geheftet werden –, ist unser Ich in Distanz zu ihnen und kann sie erkennen. Soll aber Entwicklung zu einem volleren Menschsein hin stattfinden, so muß das Projizierte als Erkanntes in die Psyche zurückgeholt werden; denn als veräußerter psychischer Inhalt ist er nicht mehr unser eigen. Zurückholen läßt sich der Inhalt aber nur, wenn wir erkennen, daß das Projizierte ein Teil von uns selbst ist, wie das Gespenst für die Jünger. Über diesen Erkenntnisvorgang der Jünger ist nun zu reden. Dazu bedarf es jedoch eines Wechsels der Betrachtungs-Perspektive.

Bedeutung und Funktion, welche die Gestalt Jesu in der Erzählung hat, ist jetzt in die Überlegungen einzubeziehen. In tiefenpsychologischer Auffassung stellt Jesus hier sowohl einen innerpsychischen Aspekt der Jünger als auch eine alle individuellen und kollektiven psychischen Strebungen umfassende Größe dar, ist also von dem zweiten Aspekt her dem Ich der Jünger transzendent. Dies ist in der Theorie vom kollektiven Unbewußten der Archetypus des Selbst oder des Ganzwerdens; er manifestiert sich oft im Gottesbild der Religionen. Die Erzählung vom Seewandel verdeutlicht dies durch Aufgreifen alttestamentlicher Gottesmerkmale. In dem über das Wasser schreitenden Jesus ist Jahwe repräsentiert, der über das Meer schreitet (Hiob 9, 8), der seinen Pfad durch die Wasser zieht (Ps 77, 20). In der Formel, mit der Jesus sich den Jüngern zu erkennen gibt, »Ich bin es« (14, 27), ist der Gottesname *Jahwe* (Ex 3, 14) verborgen. Jesus wird hier also bewußt mit dem Bild Gottes gleichgesetzt. Dieses ist, tiefenpsychologisch gesehen, in der Psyche der Jünger lebendig geworden.

Auf der Objektebene bringt Jesus in der Geschichte die Jünger dazu, sich auf den nächtlichen See zu begeben. Auf der Subjektebene geht dieser Impuls vom Selbst aus, dem Zentrum der menschlichen Gesamtpsyche. Dieses kann gedacht werden als das Potential von Entwicklungsmöglichkeiten, das der Mensch hat, aber in einer Größenordnung, die er nie ausschöpfen kann. So gesehen, ist das Selbst zugleich das Ziel, auf das hin die menschliche Entwicklung sich bewegt, ohne es je in seinem vollen Umfang realisieren zu können; der Mensch, der das Selbst voll realisiert hätte, wäre Gott. Als archetypisches Bild aber zieht es den Menschen an. Dieses Bild nun ist in der Erzählung vom Seewandel mit der Gestalt des historischen Jesus verschmolzen. Für die Jünger ist diese archetypische Gestalt die treibende Kraft zu etwas Neuem in ihrem Leben und zugleich dieses Neue selbst, zu dem sie sich aufmachen. Es ist das Bild des vollendeten Menschen, der in sich alle Möglichkeiten des bewußten und unbewußten, von Menschen noch nicht verwirklichten Lebens verkörpert. Der über das Wasser schreitende Jesus ist für die Jünger in der Enge ihrer Ich-Befangenheit zum Bild urtümlicher Menschensehnsucht vom heilen, ganzheitlichen, seiner selbst, auch des

Unbewußten, voll mächtigen, mit der Natur – hier im Symbol des Wassers – in Einklang seienden Menschseins geworden. Dieser Jesus ist für die Jünger das verwirklichte Bild Gottes im Menschen (Gen 1, 27), das Bild, das *sie* nur potentiell in sich tragen. Die Jünger, deren bewußtes Ich sich an die Verwirklichung dieses Bildes macht, kennen das Ziel noch nicht; es gibt sich ihnen erst im Kampf mit den psychischen Urgewalten zu erkennen. Kampf, Auseinandersetzung, Bestehen von Gefahren erweisen sich als Vorbedingung für die Integration der unbewußten Lebenskräfte.

Die Erkennungsszene bildet bei Mattäus sowohl auf der manifesten Erzähl ebene als auch in der Tiefenstruktur die Mitte des Geschehens. Aufschlußreich ist, daß die Jünger nicht durch bewußte Reflexion, nicht mittels ihrer Rationalität zur Erkenntnis dessen gelangen, was sich mit ihnen ereignet, sondern durch Kundgabe des in ihrem Unbewußten erwachten Bildes selbst. Für die Jünger kommt es auf das Hinhören und Hinschauen, also auf das Wahrnehmen dessen an, was sich ihnen »offenbart«. Sie brauchen eine Art Bewußtseinsoffenheit zur Tiefenpsyche hin, um zu verstehen. Im Verstehen wird den virulent gewordenen Mächten der Tiefe ihr Schrecken genommen, die Angst erweist sich als unangemessen (14, 27). Sie ist im Bewußtsein nur so lange vorhanden, wie das Unbewußte als das Unbekannte, das Gefährliche und Feindliche gesehen und abgewehrt wird. Der Schluß der Markusfassung gibt dafür das Beispiel:

Da waren sie bei sich selbst in höchstem Maße bestürzt; denn sie waren nicht zur Einsicht gekommen bei den Broten, sondern ihr Herz war verhärtet (verblendet) (Mk 6, 51–52).

Hier führt das Geschehen nicht zu einem menschlichen Fortschritt, es erfolgt keine neue Erkenntnis, der Schrecken vor dem Unbekannten bleibt, das Bewußtsein bleibt in seiner alten Enge gefangen. Grund ist die Verhärtung oder Verblendung des Herzens, das heißt, hier haben die Jünger ihr Bewußtsein dichtgemacht gegen Tiefenerfahrungen;

weder bei der Speisung der Menge noch bei der zuvor erfolgten Konfrontation mit dem Bild Gottes in Jesus ereignet sich etwas für diese Jünger; in ihrer Entwicklung sind sie festgefahren, infolgedessen auch im Glauben: sie können den wahren Jesus nicht erkennen. Markus zeichnet hier eine offensichtlich realistische Möglichkeit einer verschlossen bleibenden Transzendenz.

Bei Mattäus dagegen machen die Jünger einen Schritt in den Glauben hinein. Das wird in der von Mattäus angehängten Petrusszene, jetzt auf ein individuelles Ich verdichtet, erzählt. An Petrus als einer Art kollektiver Persönlichkeit, in die die andern Jünger einbezogen sind, wird die Reaktion auf die Erkenntnis des großen Zieles ihrer Nachtmeerfahrt exemplifiziert. Petrus geht in bewußter Entscheidung auf den Impuls ein, den alle zu Beginn als unbewußten Drang erfahren haben, und er stellt eine bewußte Beziehung zur Macht des Archetypus her: »Herr, bist du es, so heiße mich auf dem Wasser zu dir kommen« (14, 28). Ohne eine Sicherheit außer dem Anruf »Komm!« verläßt er das schützende Boot seiner vertrauten, aber begrenzten Ich-Sphäre und tritt die wahre Nachtmeerfahrt[46] über die Tiefen des Unbewußten an. Welche Kraft dem Anruf innewohnt, hat einmal eine elfjährige Schülerin ausgedrückt, als sie die Geschichte malte. Sie wählte sich den Augenblick, als Petrus den Fuß aus dem Boot setzt; aber er tritt nicht auf das Wasser, sondern auf eine Brücke, die aus Steinen gebaut ist, von denen jeder mit dem Wort »Komm« beschriftet ist; und am Ende der Brücke steht Jesus auf dem Wasser. Hier wird in tiefenpsychologischer Sicht bei der mattäischen Fassung auch ein Bogen vom Anfang der Erzählung bis zu diesem Punkt sichtbar. Das Hinausfahren erfolgte in die Dunkelheit hinein, ohne erkennbares Ziel, Jesus voraus (14, 22); im Kampf mit dem Dunkel kommt das Ziel in Sicht und zeigt sich eine tragfähige Kraft; und dies ereignet sich im Morgengrauen, in der vierten Nachtwache (14, 25), dann, als das Licht des Bewußtseins die dunkle Tiefe zu erhellen beginnt. Nun ist aber Petrus mit dem Aussteigen noch keineswegs am Ziel. Er hat zwar richtig gehandelt, als er die engen Ich-Grenzen verließ; aber er hat dabei die Risiken des gefährlichen Weges aus dem Blick verloren, er hat kopflos gehandelt. Er hat versucht, in einem einzigen Kraftakt die volle Selbst-Verwirklichung zu erlangen, indem er sich von der Vision hinwegreißen ließ, hat dabei aber die Realitätsprüfung bei sich selbst und den Umständen vergessen. Da er (noch) nicht wie Jesus das im Menschen verwirklichte Bild Gottes ist, hat er gar nicht die Kapazität, das numinose Unbewußte in einem einmaligen Akt in sein Bewußtsein aufzunehmen. Petrus ist weder mit sich selbst noch mit den Naturkräften eins – er erlebt Wind und Wasser als feindlich (14, 30); seine Identität ist noch nicht tief genug gegründet, und so droht er von der nicht bewältigten Tiefe verschlungen zu werden. Jesus nennt das Kleinglaube und Zweifel (14, 31). Zweifel sind eine Verunsicherung über den eingeschlagenen Weg, eine falsche Bewertung der Komponenten des Individuationsprozesses; die Widerstände und Gefahren werden für stärker erachtet als der Gewinn an umfänglicherem Menschsein durch das Ringen mit ihnen. Glaube ist in diesem Zusammenhang das Vertrauen auf die Kraft des Selbst, die im Menschen wirksam ist, gleichsam als das größere Ich und die dem Ich jenseitig, weil im Unbewußten, ist. Sich auf diese »ewige« Kraft mehr zu verlassen und sich stärker auf sie einzulassen, als das Bewußtsein von ihr kennt, das wäre Glaube. Solch eine Einstellung, die nicht nur von der Bewußtseinserfahrung bestimmt wird, kann nicht mit einemmal erworben werden; sie zu finden fordert lebenslange Berücksichtigung dessen, was aus den Dunkelheiten des Unbewußten ins Licht des Bewußtseins drängt.

Was an Petrus hier exemplifiziert wird, ist sehr menschlich, sowohl der Versuch, im Gewaltstreich ans Ziel zu gelangen, wie die Unfähigkeit, den Kampf mit dem Dunklen tagtäglich durchzuhalten, gegen Zweifel und Resignation. Petrus ist in der Geschichte aber noch für ein anderes Verhalten exemplarisch gezeichnet. Als er unterzugehen droht, wäre eine Alternative zu dem geschilderten Verhalten denkbar. Da er seine Realität falsch eingeschätzt hatte, wäre es am einfachsten gewesen, die Mit-Jünger zu bitten, ihn ins sichere Boot zurückzuholen, das heißt tiefenpsychologisch, zu versuchen, die Situation allein aus dem bewußten Ich heraus zu bewältigen und in die schon verlassene Position zurückzukehren. Ein solcher Versuch hätte aber zu dem geführt, was von den Jüngern in der Markusfassung gesagt wird, Petrus hätte sich verhärtet in einem psychischen Status, der für ihn schon überholt war, und das hätte Rückschritt, Verlust des schon gekeimten Glaubens bedeutet. Auch hätte er dabei das Numinose der Situation mißachtet, er sieht sich ja einer übermenschlichen Macht ausgesetzt. Ihr hätte er aus seinem im Vergleich dazu schwachen Ich nicht standhalten können. Was Petrus tatsächlich tut, ist dem religiösen Charakter seiner Situation angemessen. Er schaut auf das zurück, was ihn zu verschlingen droht, und schätzt es jetzt richtig ein; er erkennt, daß es stärker ist als er. Um Hilfe zu finden, kann er sich nur an die größere Macht wenden, die ihn schon zum Verlassen seiner alten Position gebracht hat; er bindet sich an sie zurück im Sinne von Religion – Rückbindung. Mit seinem Ruf: »Herr, rette mich! (14, 30), wendet er sich an die hilfreiche Seite der unbewußten Mächte. Indem Petrus die dunkle Macht als die seinem Ich überlegene akzeptiert, vermenschlicht er das psychisch Urgewaltige dieser Macht, so wie sie im Bilde Jesu vermenschlicht ist. Petrus kann zwar auch jetzt noch nicht über das Wasser gehen; aber Jesus reicht ihm die Hand. So gewinnt Petrus ein Stückchen teil an dem, was Jesu inneres Eins- und Ganzsein durch Integrieren der unbewußten Kräfte ist. Als Petrus mit Jesus in das Boot seiner Ich-Begrenzung steigt, kehrt er doch nicht in die alte Bewußtseinsenge zurück. Wird das Boot verstanden als die Grenze des Bewußtseinsumfangs der Jünger, die nun wieder als Gruppe, als das kollektive Ich hervortreten, so ist jetzt am Ende dieses Bewußtsein erweitert, durch die Integration der unbewußten Inhalte angereichert. Daß sie Jesus als Sohn Gottes huldigen (14, 33), drückt ihre Erfahrung aus von der Möglichkeit des Menschen, die Gottessohnschaft zu erlangen, bzw. der zur vollen Selbst-Werdung. Von der Struktur der psychischen Realisierung her ist dies ein ausgesprochen religiöses Ziel, da es dem Ich-Bewußtsein transzendent ist; im Selbst ist ja die Gegensätzlichkeit von bewußten und unbewußten Kräften aufgehoben. Das Ich kann dies deshalb immer nur ein Stück weit verwirklichen. Im Bilde der Erzählung sieht das so aus: Das Boot ist zwar das gleiche wie zu Beginn, aber als der über das Wasser geschrittene Jesus hineinsteigt, ist es mit einem Inhalt aus einer jenseitigen Welt bereichert. Tiefenpsychologisch betrachtet: Die Jünger haben eine höhere Stufe der Bewußtwerdung erreicht, einen durch Kampf errungenen Ausgleich gefunden zwischen ihrem alten Bewußtseins-Status und einer neuen Bewußtseinseinstellung, die ihnen aus dem »Jenseits« ihrer bewußten Psyche zugewachsen ist. »Der Wind legte sich« (14, 32), das zeigt die höhere psychische Integration an, nämlich als beruhigte Balance zwischen Bewußtsein und Unbewußtem.

Daß in dieser wie in anderen Epiphanie-Erzählungen das archetypische Bild des Selbst in der Person Jesu erscheint, ist wohl nicht von ungefähr. Es läßt sich daran sogar etwas charakteristisch Christliches ablesen: die Verbindung eines bei allen Völkern und in allen Zeiten vorkommenden Urbildes, einer Komponente sozusagen ewiger psychischer Produktivität, mit der historischen Person Jesu. Die Gestalt des historischen Jesus ist in der frühen Kirche auf diese Weise archetypisiert worden. Zweierlei ist an diesem Vorgang wichtig. Der historische Jesus ist bei diesem Prozeß dem Verschwinden in der Ferne der Geschichte entrissen worden und kann in jeder Zeit gegenwärtig sein. Das archetypische Bild, in das Jesus eingegangen ist, ist für die Christen aller Zeiten der Schlüssel, der die Tür auch zum historischen Jesus öffnet. Ohne das allen Menschen Gemeinsame der psychischen Bewältigungsmuster für Lebensprozesse wäre ein Verständnis für eine einmalige vergängliche Person, die in einer vergangenen Zeit und Kultur gelebt hat, kaum denkbar. Die Archetypisierung Jesu – als Heiland, Sohn Gottes – war daher zum einen notwendig, wenn Jesus von Nazaret Ausgangspunkt und Zentrum christlichen Glaubens werden sollte.

Zum anderen kann aus der Archetypisierung rückge-schlossen werden, daß der historische Jesus für diesen Vorgang gewissermaßen einen Haken hatte, an dem die archetypischen Bilder festgemacht werden konnten. Damit ist gemeint, Menschen, die Jesus begegnet sind, müssen an ihm Züge erfahren haben, die ein besonders integriertes Menschsein, ein hohes oder Höchstmaß der Verwirklichung des Selbst erkennen ließen, so jedenfalls, wie es sonst bei Menschen nicht gefunden wird. Mit diesen Zügen konnten dann in der Überlieferung die archetypischen Menschheits-bilder identifiziert werden. Dabei handelt es sich keineswegs um eine Erfindung, also eine willkürliche Verkoppelung. Wohl aber geschah darin ein Bewußtmachen wichtiger, unbewußter psychischer Inhalte und deren menschliche Bewältigung, ein kollektiver Individuationsprozeß in der frühen Kirche. Als willkürlich kann diese psychische Tätigkeit nur aus der sozusagen bornierten Bewußtseinsper-spektive beurteilt werden. Gesamtpsychisch, also unter Einschluß des Unbewußten betrachtet, ist die Archetypisie-rung Jesu ein höchst sinnvolles Geschehen; und in vielen Punkten dürfte es mehr *für* die historische Glaubwürdigkeit, wenn auch nicht positivistische Faktengenauigkeit, des von Jesus in den Evangelien Überlieferten sprechen als gegen sie.

4.4 Pfingstliche Kirche als Ort der Transzendenz – Apostelgeschichte 2 und 10

Im Neuen Testament ist Jesus das zentrale Symbol der Transzendenz. Geschichtsmächtig wird dieses Symbol vorrangig in der Kirche, die sich auf Jesus zurückführt. Nun gibt es zwar im Neuen Testament nicht nur *eine* theologische Auffassung von der Kirche, sondern deren mehrere; sie decken sich auch nicht in allen Vorstellungen. Wohl aber stimmen sie überein in ihrem Bezug auf Jesus als den Christus. In diesem Abschnitt wähle ich nun ein Beispiel neutestamentlicher Ekklesiologie, das bei den Christen insofern besonders Geschichte gemacht hat, als es, jährlich wiederkehrend, liturgisch begangen wird beim Pfingstfest. Es basiert auf der lukanischen Sicht der Kirche; und diese rangiert, eben durch die Verankerung im Kirchenjahr, auch im Bewußtsein vieler Christen obenan. Nun repräsentiert Pfingsten aber keineswegs Randphänomene biblischen Verständnisses von Kirche, sondern solche, die ins Zentrum treffen. Inwiefern diese pfingstliche Kirche mit Symbolen der Transzendenz zu tun hat, wird in diesem Abschnitt bedacht.

Apostelgeschichte 2, 1–13

Als der Pfingsttag gekommen war, befanden sich alle am gleichen Ort. 2 Da erhob sich plötzlich vom Himmel her ein Brausen, wie wenn ein heftiger Sturm daherfährt, und erfüllte das ganze Haus, in dem sie weilten. 3 Und es erschienen ihnen Zungen wie von Feuer, die sich verteilten; und der heilige Geist ließ sich auf jeden von ihnen nieder. 4 Alle wurden mit heiligem Geist erfüllt und begannen in fremden Zungen zu reden, wie der Geist ihnen zu verkünden eingab.

5 In Jerusalem aber wohnten Juden, fromme Männer aus jedem Volk unter dem Himmel. 6 Als sich dieses Getöse erhob, strömte die Menge zusammen und war ganz bestürzt; denn jeder hörte sie in seiner Sprache reden. 7 Sie gerieten außer sich vor Staunen und sagten: Sind sie nicht alle Galiläer, die da reden? 8 Wieso kann sie jeder von uns in seiner Muttersprache hören: 9 Parther, Meder und Elamiter, Bewohner von Mesopotamien, Judäa und Kappadozien, von Pontus und Asien, 10 von Phrygien und Pamphylien, von Ägypten und dem Gebiet Libyens nach Zyrene hin, auch die Römer, die sich hier aufhalten, 11 Juden und Proselyten, Kreter und Araber, wir hören sie in unseren Sprachen Gottes große Taten verkünden. 12 Alle gerieten außer sich und waren ratlos; die einen sagten zueinander: Was hat das zu bedeuten? 13 Andere aber spotteten: Sie sind vom süßen Wein betrunken.

Pfingsten ist im Vergleich mit Ostern oder Weihnachten wohl schon immer ein etwas schwieriges Fest gewesen, vor allem was den gefühlsmäßigen Vollzug angeht. So liegt die Frage nahe, was Christen da eigentlich feiern. Entstehung oder Wirksamwerden der Kirche, wie es lange verstanden wurde, können es nicht sein. Denn für beides ist historisch wie theologisch Ostern das Ursprungsdatum. Von der Kirche spricht die Pfingstgeschichte aber wohl; denn Lukas, der als einziger von allen neutestamentlichen Autoren von einem einmaligen Pfingstereignis erzählt, hat dies programmatisch an den Anfang des zweiten Teils seines Werkes gestellt, der Apostelgeschichte, in der er die Kirche zeigt, wie sie sich zu ihrem Weg durch die Geschichte anschickt. In der Pfingstgeschichte stellt er, wie in einem Atomkern verdichtet, Kirche als christliche Lebenskraft vor, die jedoch nicht in einem einmaligen Ereignis sich entladen, vielmehr in der Geschichte sich allmählich verleiblichen soll. Die Lebenswirklichkeit Kirche in verdichteter Form darstellen heißt aber, sie im Symbol zeigen.

Die in der Symbolik der Pfingstgeschichte verwendeten Bilder entstammen nun keineswegs der individuellen Phantasie des Erzählers Lukas, sondern zum großen Teil jüdisch-alttestamentlicher Tradition, und sind darüber hinaus Teil menschheitlich-kollektiver Symbolsprache, wie die Bilder vom Sturm, Feuer, Geistempfang. Auch die Inhalte der Symbole können nicht von Lukas persönlich erdacht worden sein, sonst wäre seine Sicht kaum ins offizielle Zeugnis der Kirche, ins Neue Testament, eingegangen. Indem er von Glaubenserfahrungen der ersten Anhänger Jesu, zu denen er selbst nicht gehörte, erzählt, muß er etwas für das Selbstverständnis der jungen Kirche gegen Ende des ersten Jahrhunderts Charakteristisches ins Bild gebracht haben, etwas, das zugleich charakteristisch Menschliches anspricht.

Wo nun Lebenswirklichkeit im Symbol übermittelt wird, geht es nie nur um Sachmitteilungen, sondern der Mensch in der Ganzheit seiner Fähigkeiten und Möglichkeiten ist einbezogen. Die Pfingstbotschaft, wie Lukas sie übermittelt, legt daher eine tiefenpsychologische Sicht nahe; denn ihre Symbolik ist aus dem Mutterboden menschlicher Vorstellungskraft, dem kollektiven Unbewußten, gewachsen. Was kann aus solcher Perspektive die Pfingsterzählung heute sagen, und was kann sie in Bewegung setzen? Auf der Erzählebene, der Objektstufe, wird in der Geschichte ein kosmisches Geschehen von ungeheurer Dynamik geschildert. Daß es sich tatsächlich bei dem Erzählten um ein kosmisches Ereignis gehandelt hat, werden schon die Leser des Lukas damals kaum angenommen haben, um so weniger können wir im Zeitalter kritischer Rationalität das tun. Vielmehr dürfte sich in den kosmischen Bildern eine seelische Dynamik ausdrücken. Denn alles Psychische, das gelebtes Leben werden will, drängt zur Äußerung in irgendeiner Form des »Draußen«, sonst fällt es ins psychische Urdunkel zurück. Tiefenpsychische Bewegung wird auch in unserer Zeit noch in kosmische Vorgänge projiziert, nur daß es im Unterschied zu den alten Völkern oft ein technisierter Kosmos ist, wie in Science-fiction-Filmen mit dem Bildmaterial der Weltraumfahrt. In der Pfingstgeschichte zeigt die kosmische Dynamik eine aus dem kollektiven Unbewußten der frühen Christenheit aufsteigende Energie an. Der Vorgang wird verständlich, wenn wir uns die Situation der ersten Jünger, von denen Lukas spricht, vergegenwärtigen.

Die Jünger hatten zu Jesu Lebzeiten auf ihn die Bilder ihrer Hoffnung auf heiles Menschsein und eine heile Welt projiziert. Ihre an Jesus gebundene, politisch verengte

Messiasvorstellung sprach auch in dieser Form noch die Ursehnsucht des Menschen nach Ganzheit und Einheit von Leben und Welt aus. Doch lehnten sie sich mit der partikularistischen Messiashoffnung an das partikularistische, nationalegoistisch gefärbte Bild vom Heil in einflußreichen, jüdischen religiösen Kreisen an. Keineswegs universal fühlend, reklamierten solche Gruppen das erwartete Reich Gottes nur für das jüdische Volk und innerhalb von diesem noch für besonders bevorzugte Gruppen. Da das Heil eine Tat Gottes sein würde, mußte auch das Gottesbild partikularistisch sein. Das war eine Täuschung – an der die Jünger teilhatten – über das Urbild von der Ganzheit menschlicher Existenz, das, wenn es wahr ist, stets Grenzen aufhebt, Transzendenz ermöglicht, nicht neue Grenzen errichtet. Für die Jünger mußte die Ent-Täuschung folgen durch das als Scheitern ihrer Projektionen erlebte Sterben Jesu. An Jesus erfahrenes, alle psychischen Möglichkeiten integrierendes, vollständiges Menschsein, das in Jesu neuartiger Gottesbeziehung seinen intensivsten Ausdruck fand, hatte in den Jüngern enorme, unbewußte psychische Energien freigesetzt; mit dem Tod Jesu ging das Ziel für deren Gestaltung verloren. Nach allen Evangelien entstand dabei für die Jünger die Gefahr der Resignation. Das Energiepotential hätte dann im psychischen Untergrund als ungewisses Unbehagen rumort und wäre durch neue (Pseudo-)Messiasse jederzeit für partikularistisch-zerstörerische Ziele wieder zu mobilisieren gewesen.

Die Oster- und Pfingstüberlieferung zeigt aber eine andere, eine konstruktive Entwicklung. Das Urbild vom ganzheitlichen Menschen bleibt mit Jesus verbunden; nun sind Leiden und Tod als unabdingbare Aspekte dieses Bildes akzeptiert – der Auferstandene wird mit seinen Wundmalen gesehen. Die dadurch angestoßene Neuzentrierung der psychischen Energien bei den Jüngern muß aber ein mühsamer und schmerzhafter Prozeß gewesen sein; denn nach Lukas fragen sie noch den Auferstandenen nach der

Errichtung eines nationalen Gottesreiches (Apg 1, 6–8). Es war ein Prozeß der Auseinandersetzung wohl nicht nur bei den unmittelbaren Jüngern Jesu, sondern über längere Zeit hin in der jungen Kirche insgesamt. Was in diesem Prozeß sich herauskristallisierte an Selbstverständnis der Kirche, dessen Zentrum und Ziel Jesus Christus als das Urbild ganzheitlichen Menschseins ist, erzählt Lukas in der Pfingstgeschichte in symbolischer Form.

Wichtigster Zug der Erzählung ist die Vorstellung von der Universalität der Kirche, ein Zug, der schon in Apg 1, 8 als Korrektur an der politisch verengten Heilsvorstellung der Jünger erscheint, dann konzentriert wiederkehrt in der Geistausgießung auf alle, die sich auf Jesus beziehen, ohne Rücksicht auf religiösen, sozialen oder geschlechtlichen Status, im Zusammenströmen von Menschen aus allen Teilen der damals bekannten Welt und vor allem im sogenannten Sprachenwunder, bei dem es nicht um eine Einheitssprache geht, sondern darum, daß jeder auf die ihm eigene Weise – »in seiner Muttersprache« – das neue Geschehen erfährt. Universalität drückt die Grunderfahrung des Sich-Öffnens aus, nach innen auf die aus der eigenen Tiefe frei werdenden Energien, nach außen auf die ganze Menschheit und Welt hin. Die Dynamik dieser Erfahrung führt Lukas auf Gott zurück – sie erfaßt die Jünger in Sturm und Feuer, den Zeichen der alttestamentlichen Gotteserscheinung (vgl. die Erscheinung Gottes am Sinai in Ex 19 und 24). Be- und Abgrenzungen aufheben, sich öffnen für die unbekannte Welt – also Transzendenz – sind demnach das Kriterium für die Rückbindung der Kirche an den Gott Jesu Christi.

Im Sprachgeschehen primär sieht die Pfingsterzählung universale Einheit repräsentiert. An dieser Stelle fällt die Erzählung von der Verwirrung der Menschensprache beim Turmbau von Babel ein (Gen 11). Zwei urtümliche Menschheitssymbole vom Sein und Werden des Menschen und der Menschheit stehen hier in alt- und neutestamentlicher Tradition einander gegenüber. In der Turmbaugeschichte wird das faktische Sich-nicht-Verstehen und das daraus folgende Getrenntsein der Menschen auf ein großes, aber einseitiges Werk zurückgeführt. Der an den Himmel reichende Turm steht als Zeichen für die Absolutsetzung rationalen technischen Bewußtseins. Mit dessen Hilfe kann sich der Mensch zwar riesige Monumente schaffen; im Blick auf das Ganze des Lebens und der Welt bleiben sie aber stets ein Torso wie die nicht zu Ende gebaute Stadt im 11. Kapitel der Genesis. Die Menschen, die den Turm von Babel errichten, sind vom Reichtum ihrer unbewußten psychischen Fähigkeiten abgeschnitten – sie bauen immer höher hinauf, aber von einem entsprechenden, in die Tiefe reichenden Fundament ist nicht die Rede. Sie verstehen die Botschaften aus der eigenen Tiefe nicht; ausgedrückt ist das im Urteil Gottes über ihr Werk; »Auf, . . . verwirren wir ihre Sprache, daß keiner mehr die Sprache des anderen versteht!« (Gen 11, 7). Einer versteht den andern nicht, weil keiner sich aus seiner eigenen Tiefe heraus versteht.

Die zu den unbewußten Kräften des Menschseins hin geöffneten Jünger der Pfingstgeschichte dagegen können sich allen Menschen verständlich machen. Und die durch sie verkörperte Kirche begreift ihre Aufgabe, das Bild von der möglichen Vereinigung des Auseinanderstrebenden in der Welt, von der Ganzheit und Einheit der Menschen präsent und den Weg zu diesem Ziel offenzuhalten. Als Urheber der neuen Verständnismöglichkeiten nennt die Pfingstgeschichte den heiligen Geist, ein kollektives Urbild für eine höhere Bewußtheit, als der menschliche Verstand sie darstellt, in biblischer Tradition die Kraft Gottes selbst. Die von starken unbewußten Energien erfaßte junge Kirche war durchaus in der Gefahr, diese Kraft in den Ekstasen des Unbewußten wirkungslos verbrennen zu lassen – wie etwa beim Zungenreden in der Gemeinde von Korinth (1 Kor 12). Lukas hat die Zwiespältigkeit des Geschehens gesehen; er läßt innerlich unberührte Zuschauer die Jünger für betrunken erklären.

Der in der Pfingstgeschichte erzählte Durchbruch der energiegeladenen Urbilder aus dem kollektiven Unbewußten – was gleichzusetzen ist mit dem Durchbrechen einer Transzendenz-Erfahrung – wird realitätsbezogen und sinnvoll nur, wenn der in den Symbolen geäußerte psychische Inhalt nicht in die projizierten Bilder veräußert bleibt, sondern dem Bewußtsein angegliedert wird. Diese Funktion erfüllt die vom Geist angeregte Predigt des Petrus, die als Interpretation des Pfingstereignisses in Apg 2, 14–36 angefügt ist. In ihr werden die mächtigen Symbole als jeden Menschen betreffend verstehbar gemacht, so daß Menschen sich mit ihrem Leben auf sie einlassen können. Von solcher Wirkung spricht die abschließende Notiz, die als historische Aussage kaum zutreffen kann, daß dreitausend Mitglieder zur Gemeinde hinzugekommen seien, weil die Rede des Petrus sie ins Herz getroffen habe.

Was die Menschen so traf, war offenbar noch nie gehörtes Neues und zugleich ureigene, nur noch nicht gekannte Wahrheit. Petrus erklärt mit Bezug auf ein Prophetenwort die uralte Hoffnung auf das Ende, die Überwindung der Zeit, das heißt auf Überwindung der in tödlichen Gegensätzen sich aufreibenden menschlichen Geschichte, als sich jetzt erfüllend. Als Grund nennt er jedoch nicht eine kosmische oder politische Revolution, wie von den Zeitgenossen erwartet, sondern den gewaltsamen Tod Jesu:

... ihn, der nach Gottes Willen und Vorauswissen hingegeben wurde, habt ihr durch die Hand von Gesetzlosen ans Kreuz geschlagen und umgebracht. Gott aber hat ihn auferweckt und von den Wehen des Todes befreit; denn es war unmöglich, daß er vom Tod festgehalten wurde ...

Nachdem er durch die Rechte Gottes erhöht war und vom Vater den verheißenen heiligen Geist empfangen hatte, hat er ihn ausgegossen, wie ihr seht und hört (Apg 2, 23–24. 33).

Die vom zeitgenössischen Bewußtsein, gerade auch dem der Jünger, stets abgewehrte Botschaft des Unbewußten, daß die geschichtsjenseitige Ganzheit des Menschen und die pfingstliche Einheit der Menschheit nur durch Leiden und

Sterben hindurch zu erlangen sind, wie bei Jesus, hat nun Eingang gefunden ins kollektive Bewußtsein einer kleinen Gruppe. Und diese trägt als Kirche den Prozeß, den sie an sich selbst erfahren hat, hinaus in die Welt »bis an die Grenzen der Erde« (Apg 1, 8).

Daß es dabei schon der jungen Kirche nicht leichtgefallen ist, Grenzen in ihrem Binnenraum aufzuheben bzw. gar nicht erst zu errichten, daran erinnert bei Lukas z. B. auch die Perikope von der Vision des Petrus von den reinen und unreinen Tieren. Da sie die angeschnittene Problemstellung verdeutlicht, soll sie kurz interpretiert werden.

Apostelgeschichte 10, 9–16

9 Am folgenden Tag, als jene unterwegs waren und sich der Stadt näherten, stieg Petrus auf das Dach, um zu beten; es war um die sechste Stunde. 10 Da wurde er hungrig und wollte essen. Während man etwas zubereitete, kam eine Verzückung über ihn. 11 Er sah den Himmel offen und eine Art Schale herabkommen; sie war wie ein großes Leinentuch, das an den vier Ecken auf die Erde heruntergelassen wurde. 12 Darin lagen alle möglichen Vierfüßler, Kriechtiere der Erde und Vögel des Himmels. 13 Und eine Stimme rief ihm zu: Auf, Petrus, schlachte und iß! 14 Petrus aber antwortete: Niemals, Herr! Noch nie habe ich etwas Unheiliges und Unreines gegessen. 15 Da richtete sich die Stimme ein zweites Mal an ihn: Was Gott für rein erklärt hat, nenne du nicht unrein! 16 Das geschah dreimal, dann wurde die Schale plötzlich in den Himmel hinaufgezogen.

Der Kontext, die Taufe des Heiden Kornelius, zeigt, daß hier ein zentrales Problem der judenchristlichen Kirche im ersten Jahrhundert geklärt wird. Ein Wendepunkt in der kollektiven judenchristlichen Einstellung zu den Heiden wird markiert; und die Erzählung stellt die Sache so dar, daß die Wende vom Unbewußten des Petrus, in einem Tagtraum nämlich, antizipiert wird. Petrus als der Führer der judenchristlichen Kirche fungiert hier als Kollektivperson, in der die Entwicklungstendenzen seiner Kirche zusammengefaßt sind. Es geht um die Beseitigung der alten jüdischen Abgrenzungstendenz zugunsten einer Öffnung der Kirche für alle Menschen. Die Kategorien rein/unrein = erwählt/nicht erwählt erweisen sich in dem von Petrus geschauten, zukunftsweisenden Bild als überholt. Die Abwehr des Petrus, auf keinen Fall etwas Unreines zu sich zu nehmen, zeigt seine Bewußtseinsposition an; da ist er noch ganz partikularistisch empfindender Jude; und darin spiegelt er das kollektive Bewußtsein der judenchristlichen Kirche. Vom kollektiven Unbewußten aber, der schöpferischen Psyche, wird ihm mit numinoser Macht ein anderes Verhalten präsentiert, seinem Bewußtsein sozusagen vorgedacht. Darin kündigt sich ein sowohl individueller wie kollektiver Individuationsschritt an. Hätten Petrus und die junge Kirche ihn nicht getan, so hätte sich ihnen die eröffnete Transzendenz wieder verschlossen. Historisch wäre die judenchristliche Kirche zu einer Sekte geworden und wahrscheinlich aus der Geschichte verschwunden, das heißt an ihren eigenen Grenzen erstickt. Eine universale, Grenzen überwindende Kirche hätte daraus nicht werden können. An dieser Perikope wie auch der Pfingsterzählung des Lukas läßt sich in tiefenpsychologischer Betrachtung die Verschränkung von individueller und kollektiver Selbst-Werdung gut erkennen.

Kirche von Pfingsten müßte sich – den Sinn der beiden Erzählungen resümierend – als Ort verstehen, an dem die im Unbewußten der Menschheit ruhenden Urbilder oder Utopien vom Heil als Symbole der Transzendenz ins Bewußtsein gehoben und so der Realisierung zugänglich gemacht werden. Kirche von Pfingsten steht von daher in der Aufgabe, die Kraft der Urbilder nicht wieder ins Unbewußte abdrängen noch sie mit innergeschichtlichen Umwälzungen auf ein vermeintliches Heil hin identifizieren zu lassen. Sie steht in der Aufgabe, Menschen zur Teilhabe an dem ent-täuschenden Prozeß Jesu zu verhelfen, hin zu ungebrochenem ganzheitlichen Menschsein durch Leiden und Sterben hindurch. Sie soll diese Hilfe geben in geist-inspirierter, verständlicher Rede von höherer Bewußtheit als der anderer Heilslehren und in Offenheit für die ungezählten verschiedenen Wege zum Ziel dieses Prozesses, je nach »Ort« und »Sprache«, von denen aus Menschen die geistbeseelte Rede hören. Diese Aufgabe kann Kirche nur erfüllen, wenn sie die von Lukas in der Pfingstgeschichte beschriebene Universalität bewahrt bzw. wiederzugewinnen sucht, wo Grenzen gegen sie aufgerichtet worden sind. Eine universale Kirche – geschichtlich, politisch, gesellschaftlich, psychisch – kann ein starkes Symbol der Transzendenz in der Welt sein.

5. Realisierbarkeit tiefenpsychologischer Erfahrung mit der Bibel

In abschließenden Überlegungen soll noch einmal die Frage nach dem Sinn einer tiefenpsychologischen Erschließung der Bibel gestellt werden, allerdings nicht abstrakt, sondern bezogen auf die konkrete Umsetzbarkeit. Es sollen deshalb zuerst einige Gesichtspunkte zur Praxis und abschließend einige zur Theorie erörtert werden.

5.1 Gesichtspunkte zur Praxis

In Gruppen, mit denen ich tiefenpsychologische Zugänge zur Bibel übe, tauchen immer wieder ähnliche Fragen auf, z. B. die: Wenn wir die biblischen Tiefendimensionen so mit unserem eigenen psychischen Tiefenerleben in Verbindung bringen, können da nicht psychische Prozesse ausgelöst werden, die nicht in den Griff zu bekommen sind? Entwickeln sich dabei nicht therapeutische Prozesse, die auch einer therapeutischen Behandlung bedürfen? Solche Fragen werden teilweise im Blick auf die Teilnehmer selbst gestellt, zum großen Teil aber, z. B. von Lehrern, mit Blick auf ihre Leitungsfunktion, wenn sie selbst mit Schülern tiefenpsychologische Bibelarbeit machen möchten. In den Fragen drücken sich Ängste aus, wahrscheinlich weniger wegen des neuartigen Umgangs mit den biblischen Überlieferungen, als eher wegen des Sich-Öffnens der eigenen Innenwelt, die unter Verschluß zu halten oft schon in der Kindheit gelernt worden ist.

Eine Antwort auf solche Bedenken muß zunächst unterscheiden zwischen gemeinsam erarbeiteten, methodisch angelegten, tiefenpsychologischen Interpretationen und Übungen in spontanen Zugängen zu Bibeltexten. Beide Wege fordern verschiedene Grade, sich emotional auf den entstehenden Prozeß einzulassen. Die Interpretation ist im vollen Sinn keine Erfahrung, sie kann diese anregen; der Interpret kann aber sogar existentiell unberührt bleiben. Grundsätzlich jedoch ist eine tiefenpsychologische Auslegung nur sinnvoll, wenn die Interpreten sich gefühlsmäßig darauf einlassen; denn diese Methode ist ›per definitionem‹ darauf angelegt, die biblische Erfahrung in das eigene Leben hineinwirken zu lassen. Will jemand als Leiter einer Gruppe oder als Religionslehrer mit diesem Verfahren arbeiten, so müßte er sich existentiell schon darauf eingelassen haben oder es wenigstens in der Arbeit mit der Gruppe tun. Wenn ein Leiter die Methode nur als Technik anwendet oder vermittelt, wie das z. B. in der historisch-kritischen Exegese durchaus angemessen sein kann, so wird er den existentiellen Ertrag des tiefenpsychologischen Verfahrens kaum einsehbar machen können, würde vielleicht sogar eine Distanzierung bei seinen Adressaten bewirken. Einsehbar ist der Sinn des Verfahrens meines Erachtens nur dem, der sich mit seiner Erfahrung darauf einläßt.

Festzuhalten ist, daß eine tiefenpsychologische Bibelauslegung emotionale Beteiligung verlangt und deshalb dort, wo diese abgelehnt wird, nicht angewandt werden sollte. In noch höherem Maß als für die verbale Interpretation gilt das für die Spontanzugänge durch Interaktionen, Imaginationen usw. Die anfangs erwähnten Bedenken enthalten in diesem Rahmen auch Abwehr gegen eine unbekannte und deshalb ängstigende Art von Erfahrung mit sich selbst; diese ist verständlich und sollte immer ernstgenommen werden. Mir scheint, daß die oft nur anfängliche Abwehr ein Faktor in dem tiefenpsychologischen Prozeß zwischen Leser und Bibel selbst ist. Wird sie nicht verdrängt, sondern zugelassen und durchgestanden, so kann sie der erste Schritt zur Eröffnung der neuen Erfahrung sein. Ungeeignet, über die Schwelle der Abwehr hinüberzubringen, sind äußerer Druck und bloße Willensakte; besser wäre es, sich der eigenen Abwehr immer wieder gefühlsmäßig zu nähern und die sie auslösenden Ängste genauer kennenzulernen.

In dieser Hinsicht kann der Leiter einer Gruppe, in der tiefenpsychologische Zugänge zur Bibel geübt werden, eine wichtige Funktion haben. Wenn er grundsätzlich die tiefenpsychologische Erschließungsmöglichkeit als ein *Angebot* vermittelt, bleibt jedem Teilnehmer jederzeit die Freiheit, das Maß seines Sich-Einlassens selbst zu bestimmen; die Toleranz für Teilnehmer, die sich zurückhalten wollen, müßte immer gewahrt sein. Darüber hinaus kann ein Leiter sich für den Abbau von Abwehrhaltungen hilfreich verhalten. Es bedarf dazu keiner direkten Intervention, diese könnte sogar eher hinderlich sein. Entscheidend ist vielmehr eine alle Teilnehmer akzeptierende Einstellung, die sich auch auf Verhalten von Teilnehmern erstreckt, das den Gruppenprozeß oder das Verfahren (vermeintlich) stört; sie wird sich auch auf das Verhalten der Teilnehmer untereinander ausdehnen, wenn sie beim Leiter vorhanden ist. Eine solche Einstellung läßt die Teilnehmer spüren, daß sie ihre ureigensten Erfahrungen machen können, ohne an einem allgemeinen Maßstab gemessen oder in irgendeiner Richtung bewertet zu werden. Diese Erfahrung auf der Kommunikationsebene der Teilnehmer hilft, vorhandene oder mögliche Angst abzubauen oder schon zu verhindern. Das akzeptierende Klima bei tiefenpsychologischen Übungen ist weitgehend davon abhängig, wieweit der Leiter selbst sich auf eine Tiefenkommunikation mit biblischer Überlieferung einlassen und sich infolgedessen mit seinen Gefühlen in die gemeinsame Arbeit einbringen kann. Zwar hat der Leiter gegenüber der Gruppe die besondere Funktion, den Überblick über den ablaufenden Prozeß zu behalten, damit er in der Nachreflexion wichtige Gesichtspunkte widerspiegeln kann – eine Funktion, die bei geübten Gruppen allerdings zunehmend überflüssig wird, weil alle Gruppenmitglieder sie wahrnehmen können. Aber der Leiter darf sich emotional nicht prinzipiell aus dem Prozeß ausblenden, weil er sonst ein Fremdkörper wird und entfremdend auf das Geschehen und die Teilnehmer wirkt.

Den mehr pragmatischen Gesichtspunkten, die entstehenden psychischen Prozesse betreffend, ist eine mehr grundsätzliche Überlegung hinzuzufügen. Tiefenpsychologischer Umgang mit biblischer Überlieferung ist im genauen Sinn kein therapeutischer Vorgang; er zielt nicht die Heilung von psychischen Krankheiten an. Hauptzweck ist vielmehr, die biblische Erfahrung als Ursprungserfahrung christlichen Glaubens in Gegenwartserfahrung überzuleiten und so heutige Glaubenserfahrung im Zusammenhang mit der Tradition zu ermöglichen; Glaube soll so im Kontext des Lebens vollziehbar werden. Daß dabei eine psychisch emotionale Bewegung entsteht, gehört in die Zielsetzung mit hinein. Diese Bewegung ist Voraussetzung für menschliche Weiterentwicklung und, darin eingebettet, das Wachsen von Glauben. Die bei einer tiefenpsychologischen Bibelerschließung in Gang gesetzten inneren Prozesse bewegen sich, so betrachtet, im psychischen Normalbereich. Ähnliches müßte bei einem Menschen immer in Gang kommen, wenn er sich in seiner Entwicklung nicht festfahren will. Da aber solche Prozesse zum entsprechenden Zeitpunkt häufig abgeblockt werden und dann nach einer gewissen Dauer überfällig sind, ist ihr Einsetzen manchmal mit besonderen Ängsten verbunden. Hier besteht eine Ähnlichkeit zu therapeutischen Prozessen; bei beiden werden gleichsam festgebackene psychische Inhalte wieder in Fluß gebracht, z. B. oft unterdrückte Gefühle, und das kann der Anfang zu größerer psychischer Lebendigkeit sein. Während im therapeutischen Prozeß dieser Vorgang selbst zum Thema gemacht wird, ist bei tiefenpsychologischem Umgang mit der Bibel dagegen der jeweilige biblische Inhalt das Thema des Prozesses. Eine Gruppe wird z. B. bei einem Interaktionsverfahren sich weitgehend, wenn nicht ausschließlich, ausdrücklich mit der biblischen Thematik befassen – etwa mit David und Goliat nach 1 Sam 17 – und nicht die Gefühle der Teilnehmer zum

Thema erheben. Diese kommen frühestens bei der Nachreflexion zur Sprache, und dabei ist wieder eine größere Distanz zu ihnen hergestellt als während des Agierens. Selbsterfahrung geschieht hierbei stets über das biblische Medium, und das ist anders als bei direkter therapeutischer Konfrontation mit sich selbst. Das Vorgehen ermöglicht es jedem Teilnehmer einer Gruppe, sich jederzeit von der eigenen psychischen Situation auf die biblisch übermittelte Erfahrung zurückzuziehen. Die Beteiligten an einer tiefenpsychologischen Bibelauslegung können somit selbst entscheiden, ob sie sich auf einen angestoßenen, sie möglicherweise ängstigenden psychischen Prozeß weiter einlassen wollen oder nicht. Insofern bietet das Verfahren aus sich heraus einen Schutz für den, dem das emotionale Engagement zu hoch erscheint.

Andererseits ist zu bedenken, daß ein erst- und einmaliger Versuch zu wenig ist, um begründet abwägen zu können, ob bzw. wie ein durch das Verfahren ausgelöster psychischer Aufbruch in die Balance gebracht werden kann zum persönlichen Sicherheitsbedürfnis. Eine einmalige Übung, z. B. in einer Religionsstunde, kann wohl nur einem ersten Bekanntmachen dienen. Am fruchtbarsten zu verwirklichen ist die tiefenpsychologische Methode wahrscheinlich in mehrtägigen Übungen; dabei kann die Bereitschaft, sich allmählich stärker auf eigene Erfahrung einzulassen, am ehesten wachsen; und es kann sich das Gefühl dafür entwickeln, daß man sich in Individuationsprozesse getrost hineinbegeben kann. Sinnvoll dürften aber auch mehrfache Wiederholungen von Einzelübungen sein, weil dabei ebenfalls eine wenn auch vielleicht langwierigere Einübung geschieht.

5.2 Theoretische Ortsbestimmung

Einige theoretische Gesichtspunkte ergeben sich aus den Überlegungen zur Praxis. Sie können zur theologisch-religionspädagogischen Ortsbestimmung des tiefenpsychologischen Verfahrens in einem weiter abgesteckten Rahmen beitragen. Das tiefenpsychologische Verfahren kann in Analogie zum Korrelationsprinzip gesehen werden, wie es in der (katholischen) Religionspädagogik diskutiert und vor allem bei der Erstellung von Lehrplänen für den schulischen Religionsunterricht angewandt wird[47]. Mir scheint allerdings für die tiefenpsychologische Bibelauslegung der Begriff der Konvergenz noch treffender zu sein, da es sich nicht nur um eine Wechselbeziehung zwischen existentieller Erfahrung und Offenbarungsgehalt handelt, sondern um eine Überschneidung, ja eine Durchdringung. Die Konvergenz wird nicht erst nachträglich hergestellt, etwa im Sinne von primärer Bibelauslegung und sekundärer Anwendung auf heutige Lebenssituationen; sie stellt sich vielmehr in der Aneignung biblischer Erfahrung unmittelbar her, wenn eine tiefenpsychologische Interaktion mit dem Bibeltext zustande kommt. Besonders deutlich läßt sich das an Imaginationen mit biblischen Symbolen sehen, bei denen biblische Erfahrungsmuster als direktes Stimulans für eigene Erfahrung wirken. Da in tiefenpsychologischer Auslegung die unbewußten Implikationen eines Bibeltextes erfahrbar gemacht und beim Leser psychische Tiefenschichten mit erschlossen werden, ergibt sich bei diesem Verfahren ein größerer Konvergenzbereich als bei den Auslegungsmethoden, die sich nur auf die manifeste Textebene richten. Die Konvergenz kann sowohl unmittelbar durch spontane Zugänge zu Bibeltexten hergestellt als auch mittelbar durch verbale Interpretationen denkerisch erschlossen werden und bietet so unterschiedlichen individuellen Zugangsvoraussetzungen auch verschiedene Realisierungsmöglichkeiten. Im Verbund mit anderen Methoden der Bibelinterpretation bedeutet das tiefenpsychologische Verfahren nicht nur eine Bereicherung des exegetischen Spektrums, sondern kann auch als Anreger für andere Methoden fungieren, nach der Konvergenz von biblischer Wahrheit und heutiger Erfahrung zu suchen.

In dieser Sicht ist die tiefenpsychologische Bibelauslegung, wie an anderer Stelle schon erwähnt, ein Versuch, die in der Gegenwartstheologie und Religionspädagogik erfolgte »anthropologische Wende« in konkreten Glaubens- und Lebensvollzug umzusetzen. Die Erschließung der Bibel »von unten«, aus dem gelebten Leben von Menschen der Gegenwart heraus, geht von den weltanschaulichen Prämissen des entgötterten Weltbildes im wissenschaftlichen Zeitalter und dem Vorrücken der Humanwissenschaften aus. Wenn die Transzendenz Gottes nicht mehr als ein Jenseits zur Welt gedacht werden kann, weil es dieses Jenseits in unserem Weltbild nicht mehr gibt, dann muß die Transzendenz Gottes mit anderen Vorstellungen erschlossen, in anderen Urbildern erfahrbar gemacht werden. Wenn Wissenschaften zunehmend die psychische Innenwelt, und das heißt die Subjektivität des Menschen, erforschen und dabei neue Perspektiven für menschliches Selbstverständnis gewinnen, dann wird Gotteserfahrung nur noch im Bezug zu diesem veränderten Selbstverständnis möglich sein. Gott wandert dabei, bildlich gesprochen, aus dem Jenseits der äußeren Welt in das Jenseits der menschlichen Innenwelt. Wie tiefenpsychologische Interpretation zu zeigen vermag, ist diese Blickrichtung schon in der Bibel vorhanden; nur war sie den Autoren und Tradenten sowie Hörern und Lesern nicht bewußt; die in die Außenwelt projizierte Transzendenz konnte wegen der noch fehlenden Möglichkeit zu systematischer Introspektion nicht als innere Transzendenz erkannt werden; deshalb glaubte man, Gott im »Außen« zu begegnen. Menschen im Zeitalter kritisch-rationaler Aufklärung fällt es dagegen schwer, die Durchsichtigkeit der äußeren empirischen Welt auf Göttliches hin zu sehen, wie das Menschen der biblischen Zeit noch unmittelbar konnten. Heutige Menschen vermögen Transzendenz- und Gotteserfahrung vielleicht leichter im inter- und innerperonalen Bereich zu machen. Die Einführung tiefenpsychologischer Kategorien in theologisches Denken versucht, diesem Wandel Rechnung zu tragen. Auf die Bibel angewandt, kann sie mit der Person Jesu, mit seiner Sendung und seiner Verkündigung von Gott in Beziehung bringen und, wie Jesus selbst das getan hat, Menschen zum Aufbruch und Glauben provozieren.

Anmerkungen

1 *Fromm, Erich*, Die Seele des Menschen. Ihre Fähigkeit zum Guten und zum Bösen (Ullstein Materialien Nr. 35076), Frankfurt-Berlin-Wien 1981, 143.

2 Mit der interessanten Frage, ob die Pharisäer der Evangelien als *die* Gegenspieler Jesu nicht als Jesu Schatten zu verstehen sind, setzt sich auseinander: *Schellenbaum, Peter*, Stichwort: Gottesbild (Psyche und Glaube Bd. 2), Stuttgart 1981, vor allem in den Kapiteln 10 und 11; in letzterem bezieht er dieselbe Frage auf die Kirche und ihr unbewußtes Pharisäertum. *Schellenbaum* sieht im Typus des Pharisäers positive Züge, die weder Jesus noch die Kirche gesehen haben, weil sie diese Gestalt vom Bewußtsein abgespalten, in den Schatten verdrängt haben. Nur der integrierte Pharisäer könne konstruktiv, positiv strukturierend wirken.

3 *Wolff, Hanna*, Neuer Wein – Alte Schläuche. Das Identitätsproblem des Christentums im Lichte der Tiefenpsychologie (Radius Bücher), Stuttgart 1981, 207.

4 Der ›deus ex machina‹ – ein theatertechnischer Ausdruck – erscheint von oben herab, wenn Menschen sich hoffnungslos verrannt haben, und löst ihre Probleme mit einer Handbewegung; eine kindliche Phantasie scheint in dieser Figur bei Erwachsenen fixiert zu sein.

5 Sogar in einer historisch-kritisch ausgerichteten Interpretation der Perikope werden die Schwestern als Typen verstanden: *Schottroff, Luise*, Frauen in der Nachfolge Jesu in neutestamentlicher Zeit, in: *Schottroff, W./Stegemann, W.* (Hg.), Traditionen der Befreiung. Sozialgeschichtliche Bibelauslegungen, Bd. 2, Frauen in der Bibel, München/Gelnhausen/Berlin/Stein 1980, 91–133. »Maria und Martha sind nicht als individuelle Einzelpersonen dargestellt, sondern als Typen, sie repräsentieren eine Rolle, ein bestimmtes Verhalten« (121). Ein symbolisches Verständnis der beiden Frauengestalten lehnt *Schottroff* dann allerdings ab (vgl. 124), was in tiefenpsychologischer Sicht deren Auffassung als Typen widerspricht, denn da bezeichnet »symbolisch« eine die historisch einmalige Individualität umgreifende bewußt-unbewußte menschliche Ganzheit; insofern sind die beiden als Typen verstandenen Frauengestalten von archetypischer Qualität und gehen deshalb auch uns nach 2000 Jahren noch an.

6 Nachzulesen sind diese variablen Interpretationen bei *Schottroff, Luise*, Frauen in der Nachfolge Jesu, s. Anm. 5, und *Moltmann-Wendel, Elisabeth*, Ein eigener Mensch werden. Frauen um Jesus (GTB Siebenstern 1006), Gütersloh 1980, Abschnitt 1. Martha, und Abschnitt 2. Maria von Bethanien, 23–64.

7 Zum sachgemäßen Verstehen mythischer Rede s. die Ausführungen im folgenden Kapitel, unter 2.2.2.

8 Die wörtliche Übersetzung »im Zustand des Geborenwerdens« trifft den bezeichneten Vorgang sehr genau.

9 Der Sammelband von *Illies, Joachim* (Hg.), Brudermord. Zum Mythos von Kain und Abel, München 1975, bringt eine Reihe sehr unterschiedlicher Verstehensansätze für die Erzählung, darunter auch solche aus der Literatur in dem Beitrag von *Kienecker, Friedrich*, Kain – ein mythisches Modell modernen Selbstbewußtseins, 69–86.

10 Aus: *Domin, Hilde*, Ich will dich, München 1970, 28–29.

11 Eine Beispielsammlung von thematisch vergleichbaren biblischen und literarischen Texten ist zu finden in: *Kassel, Maria/Schmitz, Gerhard*, Bibel und Literatur. Möglichkeiten eines fächerübergreifenden Unterrichts (Religionspädagogische Arbeitshilfen H. 19), Hauptabteilung Schule und Erziehung im Bischöflichen Generalvikariat Münster 1977. In dem Heft werden auch Grenzen und Möglichkeiten eines solchen Vergleichs erörtert.

12 Vgl. z. B. *Moltmann-Wendel*, Ein eigener Mensch werden, a. a. O.; *Russell, Letty M.* (Hg.), Als Mann und Frau ruft er uns. Vom nicht-sexistischen Gebrauch der Bibel, München 1979; *Halkes, Catharina J. M.*, Gott hat nicht nur starke Söhne. Grundzüge einer feministischen Theologie (GTB Siebenstern 371), Gütersloh ²1980.

13 Es soll hiermit nicht bestritten werden, daß es Weibliches in der Bibel gibt, daß es im Neuen Testament vielleicht sogar einen Strom der Überlieferung gibt, der von einer bemerkenswerten ursprünglichen Einflußnahme von Frauen auf das urkirchliche Leben, auch in amtlichen Funktionen, spricht, der aber durch patriarchalische Tendenzen überformt worden ist. Diese punktuell noch deutlich erkennbare Überlieferungsschicht aufzudecken bemüht sich eine Richtung der feministischen Theologie im letzten Jahrzehnt. Für die in diesem Kapitel anstehende Fragestellung genügt es jedoch, die Hauptgestaltungstendenz der Überlieferung ins Auge zu fassen, wie sie in der vorliegenden literarischen Form des Alten und Neuen Testamentes endgültig fixiert worden ist. Zur rein männlichen Perspektive der Bibeltradition vgl. *Schüssler-Fiorenza, Elisabeth*, Interpretation patriarchalischer Traditionen, in: *Russell, Letty M.* (Hg.), Als Mann und Frau ruft er uns, a. a. O., vor allem 50 f.

14 Wie gesellschaftliches Patriarchat, einseitig männliches Bewußtsein und Spaltungstendenzen, z. B. konfessioneller Art, zusammenhängen, zeigen *Lengsfeld, Peter/Meyer-Wilmes, Hedwig*, Partnerschaft von Mann und Frau – auch in den Kirchen? (besonders die Skizze am Ende des Artikels), in: *Lengsfeld, Peter* (Hg.), Ökumenische Theologie. Ein Arbeitsbuch, Stuttgart – Berlin – Köln – Mainz 1980, 400–418.

15 Von der feministischen theologischen Literatur wird die von Männern bestimmte Exegese und Theologie androzentrisch genannt, womit

gemeint ist: auf männliches Bewußtsein und Lebensgefühl, auf männliche Erfahrung zentriert. Das Moment der Vorherrschaft über die Frau, das im Begriff »patriarchalisch« dominiert, ist dabei nicht mitgemeint.

16 Daß sogar heute noch die Geschichte von Kindern ähnlich vorurteilsvoll aufgefaßt wird, berichtet eine Lehrerin, *Sorge, Helga*, » . . . er aber soll nicht dein Herr sein!« Eine feministische Lektüre des Sündenfalls, in: religion heute. informationen zum religionsunterricht 3/81, 2–19.

17 Z. B. *Halkes, Catherina J. M.*, Über die feministische Theologie zu einem neuen Menschenbild, in: *Moltmann-Wendel, Elisabeth* (Hg.), Frauenbefreiung. Biblische und theologische Argumente (Gesellschaft und Theologie, Systematische Beiträge), München – Mainz 1978, 179–191; *Trible, Phyllis*, Gegen das patriarchalische Prinzip in Bibelinterpretationen, in: ebd., 93–117; *Daly, Mary*, Die Austreibung des Bösen aus Eva: Der Sündenfall in die Freiheit, in: *Dies.*, Jenseits von Gottvater Sohn & Co. Aufbruch zu einer Philosophie der Frauenbefreiung, München 1978, 61–87; *Gössmann, Elisabeth*, Die streitbaren Schwestern. Was will die feministische Theologie? (Herderbücherei 879), Freiburg – Basel – Wien 1981, 3. Kapitel: Auf dem Weg zu einer nicht mehr patriarchalischen Exegese und Bibeltheologie, 45–66.

18 Eine informative kurze Darstellung dieses Gesichtspunkts s. bei *Staimer, Edeltraut*, Bilder vom Anfang. Einführung in die biblischen Schöpfungserzählungen von Genesis 1 bis 3 (Pfeiffer Werkbücher Nr. 149). München 1981, Exkurs: Spuren der Auseinandersetzung der Jahwe-Religion mit den Mutterreligionen in Gen 1–3, 91–104.

19 Ein instruktives Beispiel für diesen Umgang mit der mythischen Rede von Gen 2–3 bietet *Wolff, Hanna*, Neuer Wein – Alte Schläuche, a. a. O., 170–174. Verräterischerweise spricht die Autorin von »biblischer Berichterstattung« (173). Mit dieser Gattungsbezeichnung wird der Mythos historisch genommen, und das, obwohl die Verfasserin am Schluß sagt, man könne Gen 2–3 auch anders, nämlich psychologisch verstehen als »bildlichen Ausdruck einer Urerfahrung, wie nämlich der Mensch zum Menschen geworden ist« (174); diesen Ansatz führt sie aber nicht aus.

20 *Eliade, Mircea*, Ewige Bilder und Sinnbilder, Olten – Freiburg i. Br. 1958, 38. Einen Überblick über die Mythenforschung sowie psychologische Mythendeutungen – letztere am Beispiel des Ödipus-Mythos – gibt in verständlicher Form *Schmidbauer, Wolfgang*, Mythos und Psychologie, München 1970.

21 *Lévi-Strauss, C.*, Strukturale Anthropologie (suhrkamp taschenbuch 15), Frankfurt/M. 1971, 229.

22 Als gutes Beispiel dafür kann die Weltschöpfung in Gen 1 aus dem feuchten Element und in Gen 2 aus dem Trockenen dienen.

23 Beispielhaft zeigt das für die Tradition vom Durchzug durchs Schilfmeer
Müller, Hans Peter, Mythos, Tradition, Revolution, Neukirchen-Vluyn
1973, 61 ff.

24 Die beste, aus Religionen und Mythen der Völker erarbeitete Geschichte
der Bewußtseinsentwicklung beim Menschen dürfte immer noch sein:
Neumann, Erich, Ursprungsgeschichte des Bewußtseins (Kindler
Taschenbücher Geist und Psyche 2042/43), München o. J. (1949),
wahrscheinlich neuere Auflagen vorhanden. *Neumann* wendet konsequent ein tiefenpsychologisches Auslegungsverfahren (nach *C. G. Jung*)
an.

25 In die Ausführungen sind Gedanken einer früher veröffentlichten
tiefenpsychologischen Interpretation eingegangen: *Kassel, Maria*,
Aspekte mythischen Daseinsverständnisses im Alten Testament am
Beispiel von Gen 2 und 3, in: rhs (Religionsunterricht an höheren
Schulen) 1/78, 13–23. Die hier vorgelegte Deutung ist wesentlich
weiterentwickelt und deckt sich nicht mehr in allen Punkten mit meinen
damaligen Einsichten.

26 Die Ost-West-Symbolik spielt etwa in der altägyptischen Mythologie
eine große Rolle; das Sonnenboot des Pharao z. B. taucht im Westen
unter und kommt im Osten wieder hervor.

27 Da zur Anima-Findung des Mannes die Animus-Findung der Frau
parallel gehen müßte, diese vom Jahwisten aber nicht erzählt wird, müßte
sie eigentlich erfunden und hinzuerzählt werden; nur so könnte die
Selbstwerdung/Individuation der Gattung »Mensch« vollständig begriffen werden.

28 Hier kann nur der in der Erzählstruktur von Gen 2–3 gestaltete Teil des
Schlangensymbols berücksichtigt werden. In der Mythologie der Völker
ist es insgesamt so schillernd wie das Tier selbst. Für die
Entwicklungsgeschichte des menschlichen Bewußtseins ist der Schlan-
genmythos am umfassendsten unter Anwendung von tiefenpsychologischen Kategorien untersucht von *Neumann, Erich*, Ursprungsgeschichte des Bewußtseins, a. a. O. Zu der besonders komplexen
Bedeutung der uroborischen Schlange sagt *Neumann*: Die runde
Schlange »ist Mann und Frau, zeugend und empfangend, verschlingend
und gebärend, aktiv und passiv, oben und unten zugleich« (21). »Dies
Runde und das Sein im Runden, das Sein im Uroboros, ist die
symbolische Selbstdarstellung eines frühmenschheitlichen Zustandes,
des frühkindlichen Daseins der Menschheit wie des Kindes. Die
Gültigkeit und Wirklichkeit dieses Symbols ist kollektiv fundiert. Sie
entspricht einer Entwicklungsstufe der Menschheit, die in der seelischen
Struktur jedes Menschen ›er-innert‹ werden kann. Sie ist wirksam als
transpersonales Faktum, das schon vor der Ichbildung als psychische
Seinsstufe vorhanden ist. Außerdem aber ist sie in jeder frühen Kindheit

individuell neu erlebte Wirklichkeit und als Vor-Ich-Stadium der Kindheit auch personale Erfahrung, in welcher die alte Menschheitsspur noch einmal nachgegangen wird« (22).

29 Vgl. dazu eine Fülle von Beispielen, zusammengestellt unter dem Stichwort »Schlange« in: *Herder Lexikon*. Symbole, Freiburg–Basel– Wien 1978.

30 Vgl. z. B. *Bultmann, Rudolf*, Das Evangelium des Johannes (Kritisch-exegetischer Kommentar über das Neue Testament Abt. 2), Göttingen [18]1964, 236, Anm. 2; *Strathmann, Hermann*, Das Evangelium nach Johannes (NTD Bd. 2), Göttingen [7/8]1959, 141 und 269 f.; *Marxsen, Willi*, Einleitung in das Neue Testament, Gütersloh [3]1963, 212. Gleichberechtigt behandelt mit den Texten des Johannesevangeliums wird die Perikope dagegen von *Schnackenburg, Rudolf*, Das Johannes-Evangelium II. Teil (Herders Theologischer Kommentar zum Neuen Testament, Bd. IV), Freiburg–Basel–Wien 1971, 224–236; hier finden sich auch ausführliche Literaturhinweise zur Stelle.

31 Vgl. z. B. die Perikope von der Kopfsteuer an den Kaiser: Mk 12, 13–17 parr; von der Ehescheidung: Mk 10, 1–12 parr; vom Jona-Zeichen: Mt 12, 38–42 und Lk 11, 29–32; von der Heilung der gelähmten Hand: Mk 3, 1–6 parr. Auch die Heilung des Blindgeborenen Joh 9 gehört hierher; hier sind zusätzlich zu den Pharisäern auch die Jünger die mit den falschen Alternativen.

32 Vgl. z. B. Mt 7, 28–29; Mk 1, 21–22.

33 Diesen Ausdruck hat in einem Seminar über tiefenpsychologische Bibelauslegung eine Studentin gefunden zur Übersetzung des Ehebruchs in den darin abgebildeten psychischen Vorgang; er scheint mir den existentiellen Sachverhalt treffend wiederzugeben.

34 Zwar wurde die Ehefrau im Judentum zur Zeit Jesu wohl nicht mehr zum Sacheigentum des Mannes gerechnet, wie das noch in der einen der beiden im Alten Testament überlieferten Dekalogformulierungen (10 Gebote) der Fall ist, in Ex 20, aber diskriminiert war die Frau in hohem Maße; menschlichen Wert konnte sie nur als Mutter gewinnen, nicht als Partnerin des Mannes. Selbst das Johannes-Evangelium hat noch die Erinnerung daran bewahrt, daß Männer mit einer Frau auf der Straße nicht redeten, vgl. Joh 4, 27, wo die Jünger sich wundern, daß Jesus mit einer Frau spricht (am Jakobsbrunnen mit der Samariterin). Die jüdischen Scheidungsgesetze sahen eine Scheidung überhaupt nur auf Initiative des Mannes vor. Der einzige Schutz für die Frau bestand in der Verpflichtung des Mannes, seiner entlassenen Frau einen Scheidebrief auszustellen. Dieser berechtigte sie, eine neue Ehe einzugehen; ohne das Dokument wäre eine geschiedene Frau in ein soziales und ökonomisches Nichts gefallen.

35 Auch diesen Aspekt verdanke ich der Arbeit von Studenten an diesem Text.

36 Im Urtext ist der Hoheitstitel »Kyrios« verwendet. Damit ist weniger die historische Person Jesu in den Blick gefaßt als mehr seine transgeschichtliche Würde, welche die frühe Kirche mit dem Titel ausgesprochen hat. Diesem theologischen Sachverhalt entspricht in anthropologisch-tiefenpsychologischer Sicht das Verständnis Jesu als des Individuationsprinzips, des Archetypus des Selbst, für Menschen, die ihm begegnen, damals und heute.

37 Das Bild Davids im Alten Testament ist zwar komplexer und in sich widersprüchlicher, da der historische David von verschiedenen Gruppen unterschiedlich, ja gegensätzlich beurteilt wurde. Den Bandenführer David (1 Sam 22) und den Krieger David, der sich in die militärischen Dienste des Erzfeinds der Israeliten, der Philister, begibt (1 Sam 27), sowie die unterschiedlichen Interpretationen, wie David zu seinem Königtum gekommen ist, gibt es auch. Dieser David ist jedoch im traditionellen Bewußtsein nicht zum Zuge gekommen, vielleicht weil diese Seite nicht als exemplarisch empfunden worden ist. Daß ganz unterschiedliche Auffassungen von der biblischen David-Gestalt auch heute noch möglich sind, zeigt der Roman von *Heym, Stefan*, Der König David Bericht (Fischer TB 1508), Frankfurt/M. 1979. Er ist konzipiert als genaues Gegenstück zu der den historischen David überhöhenden theologischen Deutung. In ironisierender Weise versucht der Autor, Mechanismen bloßzulegen, durch die ein nach seiner Darstellung korrupter despotischer Herrscher des Altertums in der Geschichtsschreibung zu einem von Gott begnadeten, frommen Friedenskönig geworden ist. Dabei malt er aber bis ins Detail ein so glaubwürdiges Kolorit jener Zeit und ihrer Lebensverhältnisse und erhebt seine Auffassung aus den biblischen Schriften – nur daß er sie in ungewohnten Zusammenhängen sieht –, daß es schwerfällt, die Darstellung zu kritisieren. Im Rahmen meines Auslegungsansatzes ist der Roman zu verstehen als der Versuch einer Entmythologisierung bzw. Ent-Archetypisierung einer exemplarischen biblischen Gestalt. Tatsächlich scheint mir dabei jedoch eine neue Archetypisierung zu erfolgen, nur mit negativem Vorzeichen. Und das spricht für die exemplarische Lebendigkeit der David-Gestalt.

38 Es ist z. B. interessant, daß sowohl von Saul als auch von David gesagt wird, sie seien vom Geist Gottes ergriffen, wobei bei Saul dieser als ein Geist Elohims, nachdem der Geist Jahwes ihn verlassen hat, bei David jedoch als der Geist Jahwes benannt wird (vgl. 1 Sam 16, 14–23; 18, 10; 19, 9). Im betreffenden Stadium alttestamentlicher Traditionsbildung war es offenbar nicht möglich, das Dämonische auf Jahwe zu beziehen. Zwar wird der böse Geist Gottes von Jahwe über Saul geschickt, aber

er wird deutlich, und vermutlich bewußt, von Jahwe abgehoben.

39 *Meves, Christa*, Die Bibel antwortet uns in Bildern. Tiefenpsychologische Textdeutungen im Hinblick auf Lebensfragen heute (Herderbücherei Bd. 461), Freiburg–Basel–Wien 1973, 42–43.

40 Die Erkenntnis, daß Gott nicht »oben«, sondern in der Tiefe der Seele zu finden ist, haben schon die mittelalterlichen Mystiker vorweggenommen, z. B. in der Vorstellung vom Seelengrund, in dem die Einigung zwischen Mensch und Gott stattfindet. Vgl. auch zur Bedeutung des Symbols von der Nachtmeerfahrt bei *Goldbrunner, Josef*, Die Nachtmeerfahrt des Jona. Tiefenpsychologische Erwägungen zu Jona und seinem Fisch, in: Bibel und Kirche 1972, H. 3, 68–70.

41 Die Pädagogik befaßt sich als Wissenschaft mit der Bewältigung dieser Aufgabe für das Kinder- und Jugendalter. Für das Erwachsenenalter gibt es eine solche Tradition systematischer Entwicklungshilfe nicht, obwohl das Transzendieren eine lebenslange Aufgabe ist und mit zunehmendem Alter eher intensiver als weniger gestaltet werden muß.

42 Nach *Freud* wäre hier sicher, und wohl ausschließlich, an eine Sexualsymbolik zu denken. Doch könnte mit dieser Deutung nur der persönliche Kontext gefunden, nicht der kollektive Kontext des biblischen Urbildes verstanden werden.

43 Den Begriff »Illustrationen« verwende ich im Anschluß an *Pesch, Rudolf*, Jesu ureigene Taten? (Quaestiones Disputatae Bd. 52), Freiburg–Basel–Wien 1970, der ihn für die Wunder bzw. »Machttaten Jesu« gebraucht; vgl. vor allem 147 ff.

44 Projektion bedeutet in tiefenpsychologischer Sicht zunächst nichts Negatives. In der Theorie von der kollektiven archetypischen Struktur der menschlichen Psyche ist Projektion ein notwendiger und ständig sich vollziehender Vorgang. Gefährlich wird die Projektion erst dann, wenn Projiziertes als ein Teil der eigenen Psyche erkannt und zur Bearbeitung bei sich selbst »heim«-geholt werden müßte. Dies ist immer dann der Fall, wenn ein notwendiger Entwicklungsschritt zu vollziehen ist; unterbleibt die Rücknahme der Projektion, dann stagniert auch die Entwicklung. Es werden dann psychische Energien nach draußen veräußert, z. B. an die nutzlose Auseinandersetzung mit einem Menschen, an dem etwas gesehen wird, was in Wirklichkeit das eigene innere Bild ist. Für die innerpsychische Auseinandersetzung fehlt dann diese Energie. Zum tiefenpsychologischen Verständnis der Projektion s. v. *Franz, Marie-Louise*, Spiegelungen der Seele. Projektion und innere Sammlung in der Psychologie C.G.Jungs, Stuttgart 1978. Grundlegend ist vor allem das 1. Kapitel und darin besonders wichtig »Die fünf Stufen der Projektionsrücknahme«.

45 Dieselben Motive sind auch in der Geschichte von der Sturmstillung enthalten, Mk 4,35–41 parr, so daß die Annahme berechtigt erscheint,

es handle sich nicht um zwei unabhängige Überlieferungen, sondern um Varianten ein und desselben Stoffes, und die Seewandelgeschichte sei eine Weiterbildung der Geschichte von der Sturmstillung.

46 Die Nachtmeerfahrt ist eine in verschiedenen Kulturen verbreitete mythische Vorstellung, die tiefenpsychologisch das Eintauchen des Bewußtseins ins Unbewußte bezeichnet; das Bewußtsein soll von dieser Fahrt erneuert und bereichert zurückkehren. Die Fahrt kommt in der Mythologie aber auch als die Reise ohne Rückkehr vor, so z. B. bei den Griechen die Fahrt der Toten über den Fluß Acheron in die Unterwelt. Vgl. auch das Symbol im Jona-Buch, s. Anm. 40.

47 Nach dem Korrelationsprinzip erstellt ist der Zielfelderplan für den katholischen Religionsunterricht in der *Grundschule. Teil 1: Grundlegung*, hg. im Auftrag der *Bischöflichen Kommission für Erziehung und Schule* von der *Zentralstelle für Bildung der Deutschen Bischofskonferenz*, München 1977. Eine Korrelation zwischen menschlichen Erfahrungsbereichen und Inhalten christlichen Glaubens will auch der Zielfelderplan für den katholischen Religionsunterricht der *Schuljahre 5–10*, München 1973, herstellen; hier bleiben aber die Bereiche noch weitgehend nebeneinander stehen; eine Wechselbeziehung erfolgt weniger im Gesamtkonzept als an einzelnen Punkten. Zum Verständnis des religionspädagogischen Korrelationsprinzips s. *Nocke, Franz-Josef*, Korrelation. Stichwort zur Orientierung, in: Katechetische Blätter 105 (1980), H. 2, 130 f.; *Lange, Günter*, Zwischenbilanz zum Korrelationsprinzip in: ebd., 151–155.

Maria Kassel

Biblische Urbilder

Tiefenpsychologische Auslegung nach C. G. Jung

320 Seiten, Paperback
Pfeiffer Werkbuch Nr. 147
ISBN 3-7904-0321-0

„Dieses wertvolle Buch erschließt
beispielhaft die Tiefendimension
neutestamentlicher und besonders alttestamentlicher
Erzählungen (Abrahams- und Jakobsgeschichten)
in ihrer Bedeutung für den Prozeß
der Selbstfindung und der Gotteserfahrung."
Die katholische Aktion

„Eine wohlfundierte Arbeit
über das Deuten von Texten aus ihrer
eigenen Erzählstruktur heraus
nach den Erkenntnissen von C. G. Jung;
und jeder Freund der Jungschen Tiefenpsychologie
wird an diesem Buch seine Freude haben."
*Nachrichten der Evangelisch-
Lutherischen Kirche in Bayern*

Verlag J. Pfeiffer · München

Edeltraut Staimer

Bilder vom Anfang

Einführung in die biblischen Schöpfungserzählungen von Genesis 1 bis 3

152 Seiten, Paperback
Pfeiffer Werkbuch Nr. 149
ISBN 3-7904-0333-4

„Hier ist hochkarätige exegetische Literatur
lesbar verbreitet. Gründliche Arbeit
am Text ist mit gelungenen theologischen
Deutungen und Aktualisierungen verbunden."

Publik-Forum

„Die Schöpfungstexte werden theologisch und
didaktisch gut aufgearbeitet.
Es gelingt, auf einem theologischen Niveau
die Theologie der Schöpfungsgeschichte
gerade auch für die Nicht-Theologen zu verdeutlichen.
Für Schule und Erwachsenenbildung kann man
das Buch ohne Vorbehalte empfehlen!"

Literaturreport

Verlag J. Pfeiffer · München